NZZ Libro

Stadt hören
Klangspaziergänge durch Zürich

Andres Bosshard

Mit der Komposition
«Choreophonie des Stadtklangs von Zürich»
von Andres Bosshard

Verlag Neue Zürcher Zeitung

Diese Publikation wurde ermöglicht durch die Unterstützung
von Grün Stadt Zürich (www.stadt-zuerich.ch/gsz).

Stadt Zürich
Grün Stadt Zürich

Bibliografische Information der Deutschen Nationalbibliothek

Die Deutsche Nationalbibliothek verzeichnet diese Publikation
in der Deutschen Nationalbibliografie; detaillierte bibliografische Daten
sind im Internet über http://dnb.d-nb.de abrufbar.

Fotografie: Jürgen Hankeln
Pläne: Andres Bosshard
Karte Umschlag: Orthofoto 2007
Abbildungen Kartenmaterial mit Bewilligung der Stadt Zürich,
Geomatik + Vermessung, 19.08.2009
Lektorat: Regula Walser, Zürich
Gestaltung und Satz: büroblau, Zürich
Druck, Einband: Kösel GmbH, Altusried-Krugzell

ISBN 978-3-03823-549-1

www.nzz-libro.ch
NZZ Libro ist ein Imprint der Neuen Zürcher Zeitung

FSC
Mix
Produktgruppe aus vorbildlich bewirtschafteten
Wäldern und anderen kontrollierten Herkünften
www.fsc.org Zert.-Nr. GFA-COC-001298
© 1996 Forest Stewardship Council

*Abb. S. 1 _
Brunau,
Sihlhochstrasse.*

*Abb. S. 6/7 _
Zwingliplatz beim
Grossmünster.*

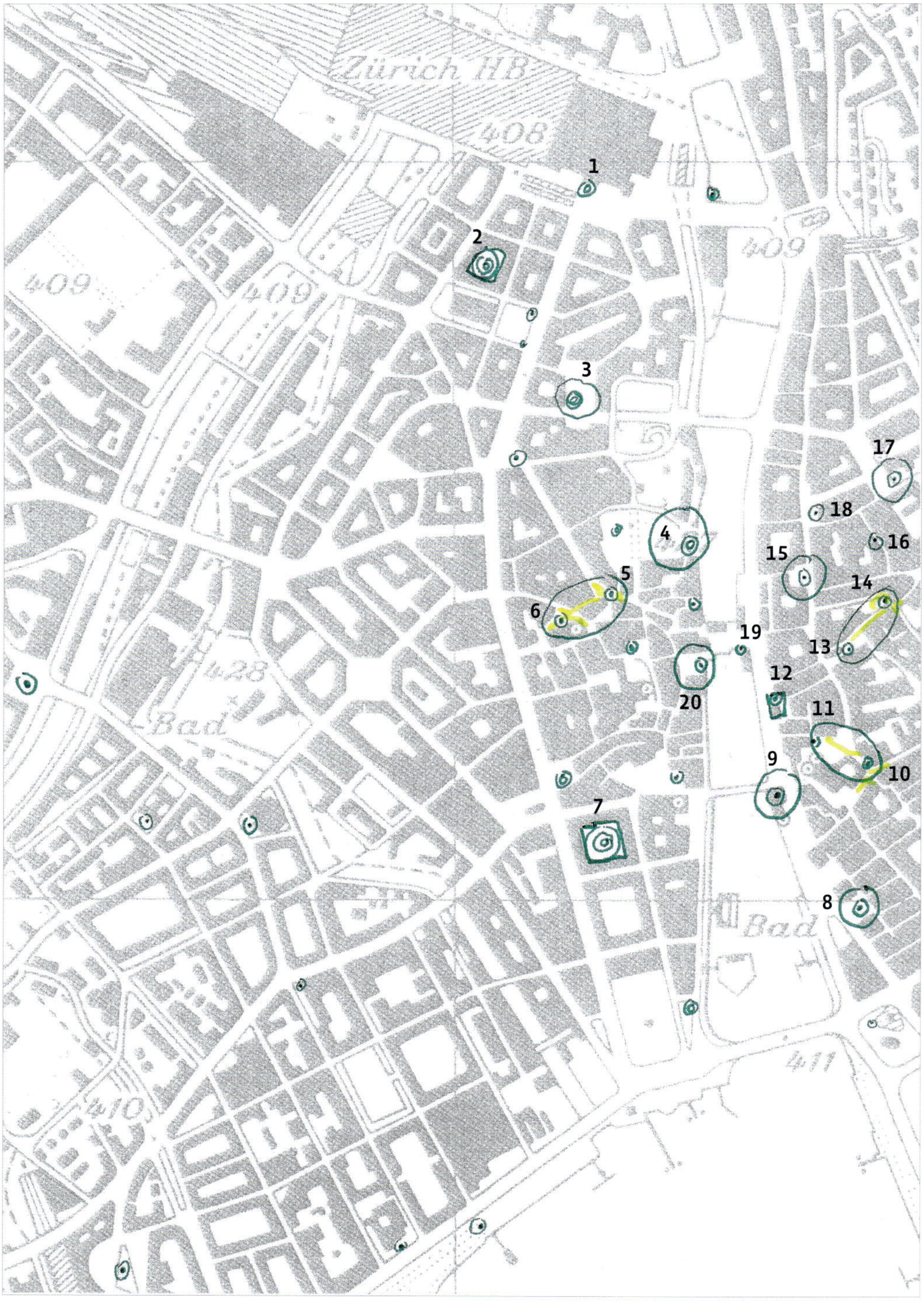
Zürich HB
408
409
409
409
428
Bad
Bad
410
411
1
2
3
4
5
6
7
8
9
10
11
12
13
14
15
16
17
18
19
20

Bild Ton Text: das Buch als Partitur

Das vorliegende Buch lädt Sie ein, parallel zum Text auf mehreren unabhängigen Spuren klingende Räume zu entdecken und zu erforschen: Den grossen, doppelseitigen Bildern entlang können Sie einen Spaziergang durch das Buch machen, beschriebene Orte aufsuchen und weitere, potenzielle Hörorte entdecken.

Die Klangkarten und grafischen Notationen von Klangphänomenen sind Reproduktionen von Skizzen aus dem Tagebuch des Autors und geben Ihnen einen Einblick in den Verlauf seiner Klangforschungen. Schliesslich können Sie mit der CD in den Stadtklang eintauchen und wie es Ihnen beliebt Ihre Hörroute selber bestimmen.

Einige Klangquellen und ihre Resonanzräume in der Altstadt:

1 *Alfred-Escher-Brunnen*
2 *Linth-Escherhof-Brunnen*
3 *Brunnen Werdmühleplatz*
4 *Lindenhofbrunnen*
5 *Amazonenbrunnen*
6 *Münzplatzbrunnen*
7 *Zentralhofbrunnen*
8 *Hechtplatzbrunnen*
9 *Brunnen Wasserkirche, Helmhaus*
10 *Brunnen hinter dem Grossmünster*
11 *Brunnen vor dem Grossmünster, Römergasse*
12 *Samsonbrunnen*
13 *Napfbrunnen*
14 *Jupiterbrunnen*
15 *Stüssibrunnen*
16 *Froschaugassebrunnen*
17 *Froschauerbrunnen*
18 *Hirschenplatz*
19 *Brunnen hinter Rathaus*
20 *Weinplatzbrunnen*

Einführung

Mehr über die Klänge in der Stadt zu erfahren und ihre Zusammenhänge verstehen zu wollen, ist das Ziel des vorliegenden Buches.

Wir verfügen heute über Wissen, Methoden und Verfahren, mittels derer wir die Hörsphäre der Stadt genauso selbstverständlich gestalten, unterhalten und planen könnten, wie wir das zum Beispiel mit Grünanlagen sehr erfolgreich tun.

Grundlegend für die Qualität der Klänge ist das Hören der Stadt. Obwohl das auf den ersten Blick banal erscheint, entpuppt sich «Das Hören der Stadt» als wahre Kunst. Genauso wie das Lesen einer Stadt uns nicht nur bei der Orientierung auf unseren täglichen Wegen durch den Stadtraum hilft, bietet das «Hören der Stadt» eine unglaubliche Fülle an Erfahrungen, Geschichten und an Wissen, die uns allen gehören.

Ich schlage Ihnen deshalb vor, einen Spaziergang in der Stadt zu unternehmen und ihr zuzuhören. Ebenfalls möchte ich Ihnen vorschlagen, gezielt herausragende «Hörorte» in der Stadt zu besuchen, um dort aussergewöhnliche Klangphänomene zu erleben.

Nehmen Sie sich Zeit, wählen Sie einen günstigen Zeitpunkt. Sie können zu jeder Tages- und Nachtzeit, bei jedem Wetter einen Klangspaziergang unternehmen. Wenn Sie alleine losgehen, hören Sie etwas anderes, als wenn Sie zu zweit oder in einer kleinen Gruppe unterwegs sind.

Die einzigen stabilen, verlässlichen «Klangquellen» im Stadtraum sind die Brunnen. Gehen Sie deshalb auf dem Klangspaziergang nicht einfach an einem Brunnen vorbei, verlangsamen Sie Ihre Schritte, sobald Sie einen Brunnen entdecken, und versuchen Sie, seinem Klang zu folgen, bis Sie so nahe beim Brunnen sind, dass Sie von seinem Wasser trinken können. Warten Sie einen Augenblick und gehen Sie dann langsam wieder in den Klangraum der Stadt zurück. Achten Sie auch immer wieder auf das Echo Ihrer Schritte. Jede Fassade, jeder Bodenbelag widerspiegelt diese anders. Unsere Stadt ist ein akustisches Spiegellabyrinth: Jede Strasse, jeder Hinterhof, jeder Platz birgt seine eigenen «Hallsymmetrien» und «Klangfarben».

In der Stadt sind die meisten Klangquellen, die Sie hören, unsichtbar. Sie hören also um die Ecken herum, hören Klänge, die schon Mauern durchdrungen, bereits Dächer überflogen oder über grössere Distanzen lose Gegenstände in Ihrer unmittelbaren Nähe zum Schwingen gebracht haben. Mit einem wachen Ohr können Sie diese Bewegungen aufnehmen und in Ihrer Vorstellung mitfliegen – das Ohr reist mit. Der Höraufmerksamkeitspunkt tastet den Raum gleichsam ab. Versuche mit an Ballonen befestigten Mikrofonen haben mich darin bestärkt, den Klangraum auch vertikal zu durchhören. Am Boden herrscht eine eigene mikroskopische Klangwelt. Auf Kopfhöhe ist uns die Klangperspektive am vertrautesten. Die Stadtklänge jedoch werden durch die Strassen und Plätze nach oben projiziert. Jeder Hinterhof entspricht einem nach oben offenen Trichter. Unsere Städte sprechen in den Himmel.

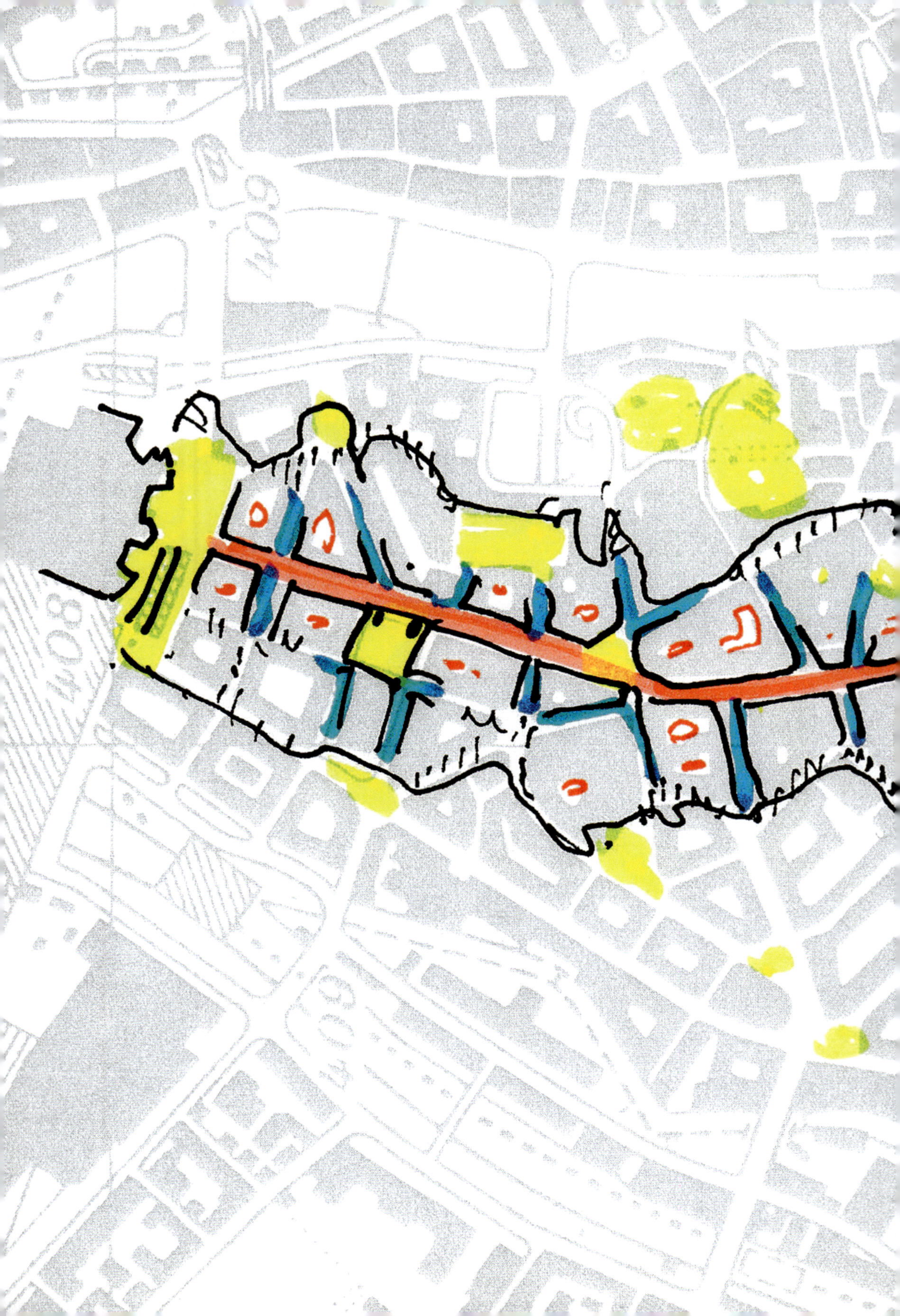

Spazieren und Entdecken

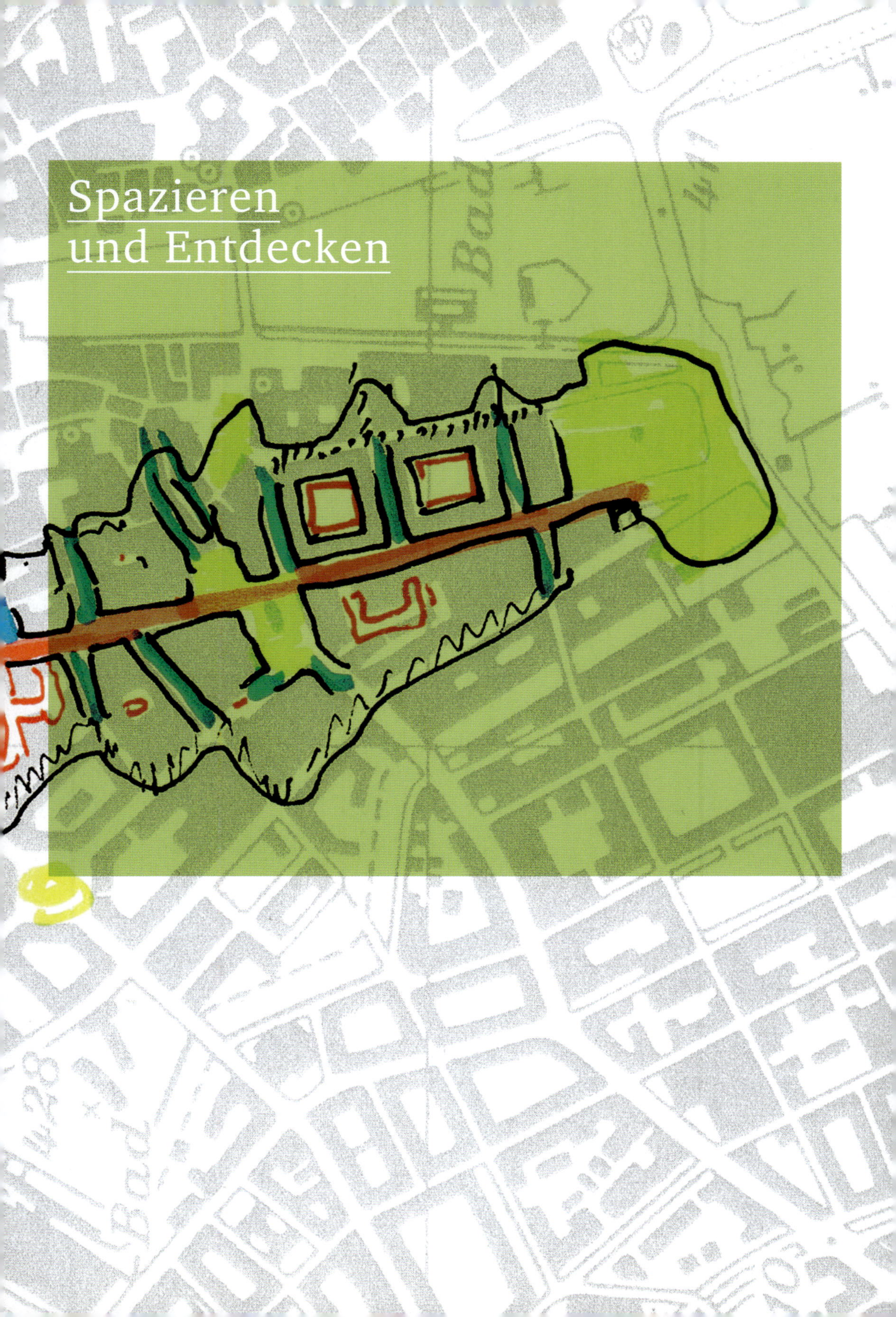

Ein Klangspaziergang als Modell

Wer sich draussen im Café vor dem Kunsthaus aufhält, wähnt sich mitten im Zentrum der Stadt Zürich: Menschen reden, Geschirr klappert, Autos und Trams fahren an und bremsen. Obwohl sich auf diesem Platz dem Stadtbesucher der Raum angenehm öffnet, ist die Gesamtlautstärke so hoch, dass das Ohr spätestens nach einer Stunde ermüdet und sich die Nervosität des Hörers zu steigern beginnt. Vielleicht hängt das auch damit zusammen, dass an der heutigen Kreuzung einst eine komplizierte Befestigungsanlage den Raum dominierte. Anders als noch in den 1980er-Jahren, als man nachts ein einzelnes Auto vom Bellevue herauf zum Kunsthaus fahren hören konnte, ist der Raum heute akustisch permanent besetzt – sowohl tagsüber als auch nachts. Seit dem Ende der 1990er-Jahre hat sich dieser typische Wechsel in vielen Städten vollzogen. Die Pausen zwischen den dominanten Stadtgeräuschen sind fast verschwunden. Der Stadtklang ist auch hier am Pfauen zu einem urbanen Klangstrom geworden. Bildlich gesehen öffnet sich das «Höllentor»-Kunstwerk von Auguste Rodin vor dem Kunsthaus dem Bewohner der Stadt tatsächlich als «Tor zum Lärm».

Klangtor

Wir verlassen das Café und gehen durch die Passage zwischen dem Kunsthausrestaurant und dem Vortragssaal des Kunsthauses hindurch in Richtung Altstadt (Oberdorf). Grosse Glasscheiben exakt parallel zu beiden Seiten, die niedrige Betondecke und der harte Steinboden erzeugen ein Gefühl von physischem und akustischem Durchzug. Es ist eine Schleuse, die so lange unangenehm bleibt, bis man sie durchquert hat

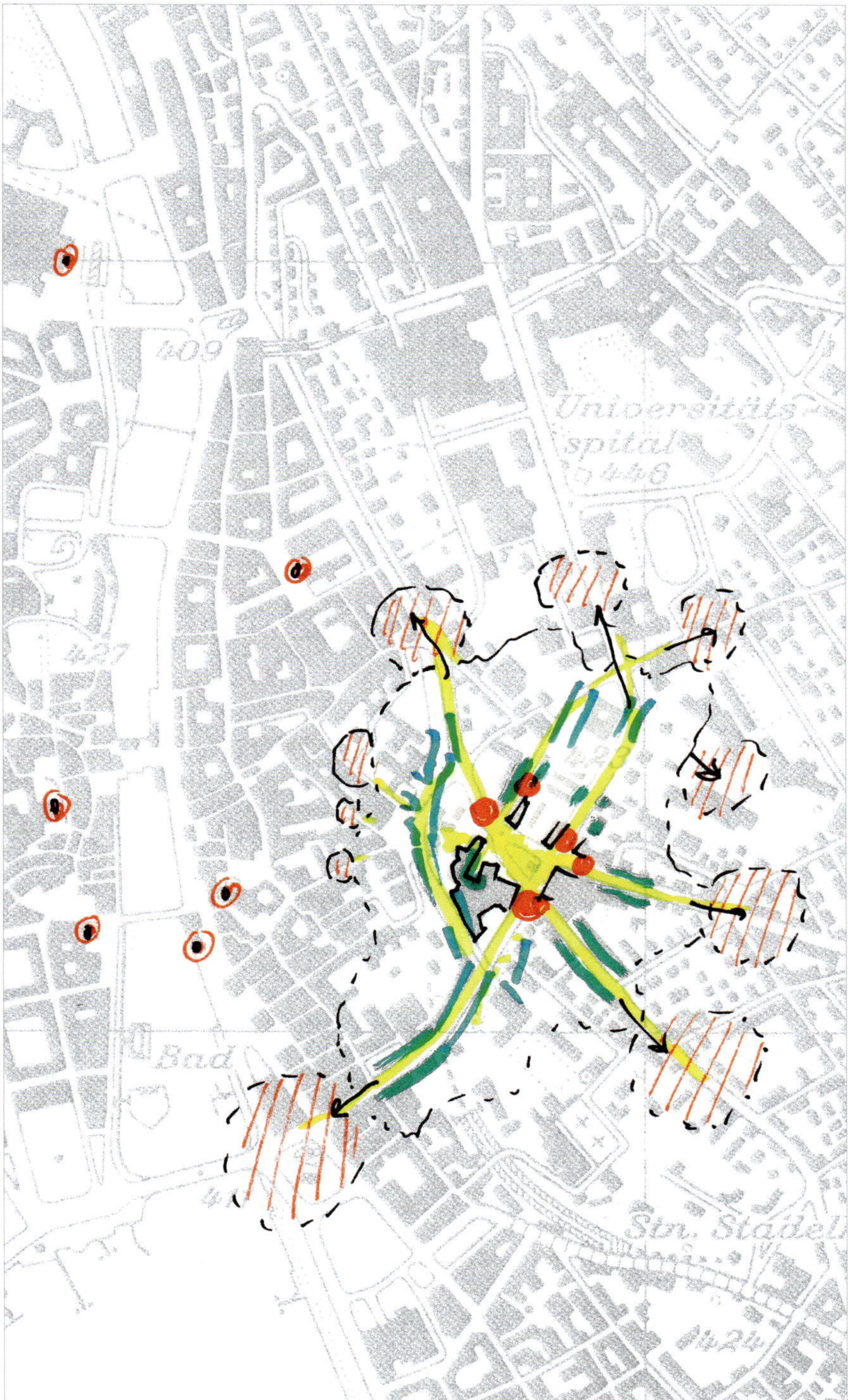

Kunsthaus/Pfauen: asymmetrischer Platz mit fünf Klangtoren, die den Schall aus den angrenzenden Strassen auf den Platz projizieren. Gleichzeitig wirken die Zufahrtsstrassen als Resonanzräume. Die Hörweite kann stark variieren, unter günstigen Wetterbedingungen reicht sie nachts bis zum Bellevue.

und wieder in einen offeneren Raum tritt. Halten wir hier einen kurzen Moment inne, so sind wir überrascht, einen Brunnen zu hören: Etwas versteckt rechts sehen und hören wir den ersten Brunnen unseres Klangspaziergangs. Ein kräftiger Wasserstrahl fliesst in den Sandsteintrog des ehemaligen Gebrauchsbrunnens aus dem 18. Jahrhundert. Der Hinterhof, der sich unmittelbar hinter dem Brunnen öffnet, erwidert den Wasserhall auf angenehme Weise. Ganz unerwartet herrscht hier, eigenartig isoliert, eine fast dörfliche Stimmung.

Klangraum

Wir wenden uns wieder ab und gehen in die Krautgartengasse zurück, die in Richtung Altstadt weiterführt. Noch bevor man den Klangraum des Brunnengeräusches verlassen hat, kann man bereits den grossen Manessebrunnen hören. Im schmalen Durchgang der Krautgartengasse können Sie eine Raumzone entdecken, in der Sie die beiden Schallquellen exakt gleich laut hören: Wenn Sie sich die Zeit nehmen, hier langsam auf- und abzugehen und dabei Hör- und Gleichgewichtssinn aktivieren, können Sie genau zwischen den leicht schräg zueinander stehenden Hausfassaden einen ganz besonders seltenen Klangraumzustand wahrnehmen. Der aufsteigende Fussweg, der in einen Trichter führt, scheint die beiden Klangeinstrahlungen der Brunnen gleichsam schwebend zu halten.

Vor uns sehen wir den schmalen Durchgang zum Hirschengraben, der die Geräusche der vorbeifahrenden Autos scharf abschneidet, wobei man deutlich gewahr wird, dass man «um die Ecken» hören kann. Mit jedem Schritt wird das Rauschen des ausladenden Brunnens vor uns lauter. Wenn Sie schliesslich die beiden Stufen, die zum Brunnen hinaufführen, erreichen, können Sie deutlich wahrnehmen, wie das Brunnengeräusch Ihren Hörraum zu dominieren beginnt und die Stadtgeräusche immer mehr ausgeblendet werden. Sie befinden sich nun im Inneren des «Wasserklangraums», den der Brunnen ständig erzeugt. Das Gefühl der Präsenz des Wasserklangs verstärkt sich noch, wenn man vom Wasser trinkt. Neigen Sie den Kopf dem Wasserspiegel zu, dann werden die Wasserwirbel so lebendig, dass sie mikroskopische Klangwirkungen entfalten und Sie mit ihren Geräuschinnenwelten bezaubern. Das Wasser, das über die Kaskaden herunterfliesst, hat hier dieselbe emotionale Wirkung wie ein Bad in einem wilden Fluss oder in einem Thermalbad. Wenn Sie sich ganz langsam aufrichten, können sie genau mitverfolgen, wie der Klangraum der Stadt sich stufenweise wieder aufbaut. Zurück im Stadtraum, nimmt man für ein paar Minuten den Stadtlärm weit weniger störend wahr. Der Brunnen scheint uns in seiner unmittelbaren Nähe ein Hörgleichgewicht anzubieten – vital und unbeschwert – eine Situation, die tagsüber in der Stadt selten anzutreffen ist!

Hörgleichgewicht

In Richtung Winkelwiese und Kirchgasse wartet bereits der nächste Brunnen. Sein zartes Plätschern spiegelt zum Manessebrunnen zurück. Überraschenderweise pendelt sich die Klangbalance zwischen den beiden Brunnen erst beim Eintritt in die Kirchgasse wieder zugunsten des Manessebrunnens ein. Das Klangfeld weist ein merkwürdiges akustisches Loch auf, das sich scheinbar hin und her bewegt.

Akustisches Loch

Wir gehen nun noch ein paar Schritte aufwärts, um dann die höchste Stelle des Altstadthügels zu überschreiten und in die Kirchgasse hinunterzuspazieren. Hier befand sich eines der 16 historischen Stadttore, das Lindentor oder Junkerntor, und es scheint, als würde man noch heute ein unsichtbares Tor durchschreiten, denn nach wenigen Schritten ändert sich der städtische Klangraum grundlegend. Wir hören plötzlich ganz deutlich unsere eigenen Schritte, denen sofort das Echo der Schritte anderer Personen zu antworten scheint.

Klangtor

Mit jedem Schritt ändern sich die Klangfarbe und die Richtung der Echos. Menschenstimmen sind warm und deutlich zu vernehmen. Der Autolärm des Hirschengrabens erscheint von hier aus als weit zurückliegender Vorhang, der sich hinter der Klangkulisse des Manessebrunnens verliert.

Klangkulisse

Klangatmosphäre

Die Klangatmosphäre, die sich zwischen den unregelmässig geneigten Fassaden hin und her spiegelt, nimmt durch unsere Bewegung einen musikalischen Verlauf. Gehen wir nun etwas schneller, werden unsere Schritte bald heller, bald dunkler, der Klangraum wirkt zuerst hoch und schmal, dann öffnet er sich nach vorn. Die Gebäudeecke des Theologischen Seminars schiebt sich schräg in die Öffnung der Kirchgasse und spiegelt gleichzeitig sowohl die Klänge des Grossmünsterbrunnens, die von rechts aus der Münstergasse herstammen, als auch die Stimmen und Schritte der unteren Kirchgasse von links unten in die obere Kirchgasse herauf. Eine raffinierte akustische Doppelspiegelung erzeugt hier eigentliche «Hörtrugbilder», eine balancierte Mischung von zwei getrennten Klangräumen, die zu einem akustischen «Trompe-l'oreille» werden. Wenn Sie hier einige Augenblicke verweilen, kann es gut sein, dass plötzlich noch eine unsichtbare Krankenwagensirene zu hören ist: Dieser Klang stammt dann mit grosser Wahrscheinlichkeit von einer Ambulanz, die vom Bellevue her die Rämistrasse hinauffährt. Die verwischten Echos der Sirene dringen somit quer durch die Altstadt und verlieren sich erst, wenn der unsichtbare Krankenwagen den Pfauen überquert hat und dann in die Rämistrasse in Richtung Kantonsspital weiterfährt.

Trompe-l'oreille

Akustische Täuschung

In der Kirchgasse stehen Sie also im Zentrum einer Arena voller akustischer Täuschungen, Mehrfachspiegelungen und einem sehr weiten Hörradius. Im Gegensatz zur Grösse der akustischen Perspektiven sehen sie eine enge Altstadtgasse, die nur wenige Meter breit ist.

Wir verlassen diesen akustischen Spiegelraum und gehen nun zum Grossmünsterbrunnen. Stellen wir uns unmittelbar hinter die neugotisch verzierte Brunnensäule, treten wir erneut in eine Arena der akustischen Täuschungen ein: Man kann hier sehr deutlich und plastisch die Bewegung der Echos von Menschenstimmen hören, welche die Fassade des Theolo-

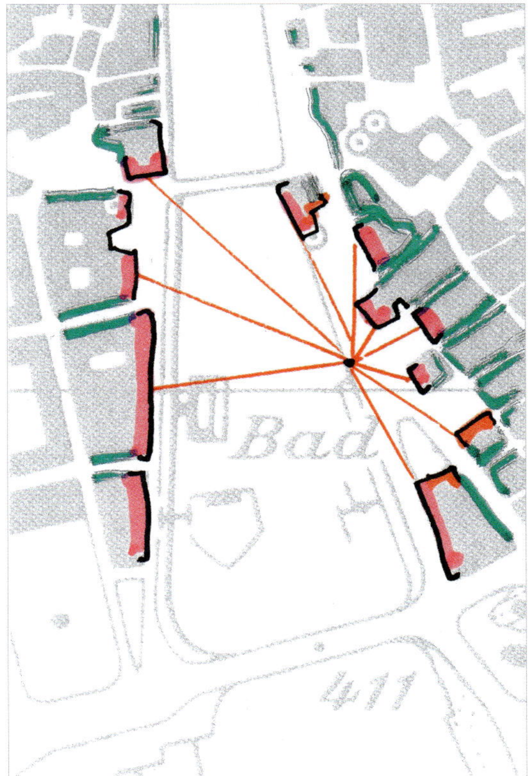

Abb. links _ Hörposition im Kunsthauscafé: Echostern der ersten Reflexionen von den umliegenden Fassaden.

Abb. rechts _ Klangaussichtspunkt am Limmatquai, vis à vis Badeanstalt Stadthausquai: Die Echos von beiden Seiten des Limmatufers bilden einen typischen Echostern.

gischen Seminars aus der Oberdorfgasse zu unserem Standort projiziert. Die Wasseroberfläche verstärkt den räumlichen Halleffekt, und die Wasserstimmen der beiden Brunnenrohre runden das Hörbild dieses Raumes zauberhaft ab.

Wir gehen ein paar Meter zurück, überqueren die Kirchgasse und steigen die Neustadtgasse hinauf, die uns in einer doppelten S-Kurve in einen eigenartigen Gehörgang führt. Wenn wir uns zurückwenden, können wir Stimmen von der unteren Kirchgasse wörtlich verstehen. Die Echos der Geisterstimmen vermischen sich sehr räumlich mit einem unmerklich an- und abschwellenden Summen, das kaum zu orten ist und immer wieder auftaucht. Es mag von einem entfernt vorbeifliegenden Motorflugzeug stammen, oder es könnte sich auch um Ventilatorensirren handeln, das vom Wind hierher

Gehörgang

geweht wird. Das vielstimmige Wasserplätschern des Niklausbrunnens, auch Klausbrunnen genannt, mischt sich fein ins Hörbild.

Mit seinen drei Rohren, den kleinen Nebenbecken und dem auffällig gurgelnden Abfluss dominiert dieser historische Brunnen seit mehreren Hundert Jahren auf immer dieselbe Weise den kleinen Stadtplatz zwischen Neustadtgasse und Trittligasse. Ein ganz besonderer Hörort mit zeitlos anmutender, romantischer Atmosphäre!

Wir gehen nun über die vielen kleinen Stufen die Trittligasse hinunter und hören, wie der ferne Verkehrslärm, der vom Bellevue und der Quaibrücke her über das verkehrsberuhigte Limmatquai herüberschwingt, immer deutlicher den Altstadtklangraum bestimmt. Durch die Geigergasse am Ufer der Limmat angekommen, stehen wir vor einem grossen Klangraum, der sich von der Quaibrücke bis zum Hauptbahnhof erstreckt. Dieser Klangraum bildet in vielerlei Hinsicht das Zentrum der Stadt.

Wir sehen zwar Wasser, hören aber hier am Ufer der träge fliessenden Limmat fast keine direkten Wassergeräusche.

Klangspiegel

Die sich beinahe unhörbar sanft bewegende Wasseroberfläche bildet aber einen Klangspiegel, der die Echos der beiden Uferzeilen zu einem weiten offenen Raum werden lässt. An vielen Stellen entlang beider Uferpromenaden, die in Zürich zu Fuss in ganz einmaliger Art und Weise zugänglich sind, können Sie leicht feststellen, dass dieser Raum in einem stabilen Gleichgewicht zu sein scheint.

Das rechtsufrige Limmatquai, das nun unmittelbar vor uns liegt, ist der Limmat abgerungen, denn noch bis Anfang des 19. Jahrhunderts stand die Wasserkirche auf einer kleinen Insel im offenen Wasser. So ist auch der theaterartige Platz zwischen Helmhaus und dem Musik-Hug-Gebäude, auf den wir nun zugehen, künstlich angelegt. Seine Echos sind räumlich gestaffelt, der Raum klingt nicht nur horizontal gut, sondern das Ohr wird elegant nach oben gelenkt, wo sich die beiden Türme des Grossmünsters auch visuell sehr eindrucksvoll zeigen.

Bereits auf der Höhe der Wasserkirche können wir das Echo des Helmhausbrunnens an der Fassade des Musik Hug rechts von uns deutlich wahrnehmen. Nach ein paar weiteren Schritten betreten wir schliesslich die offene Vorhalle des Helmhauses durch eine der seitlichen Arkadenbögen. Die leicht abgeflachten «barocken» Torbogen widerspiegeln den Schall auf charakteristische Weise und markieren deutlich die Grenze zwischen dem offenen Stadtraum und dem Halleninneren. Drei leichte Stufungen lassen den Boden sanft ansteigen, sodass der Brunnen gleichsam auf einer Bühne im hintersten, von Glasfenstern umschlossenen Teil der Halle präsentiert wird. Sein Wasserklang wird durch diese Raumschachtelung körperlich wahrnehmbar. Wir tauchen mit jedem Schritt eine Schicht tiefer in den «Wasserklangraum» ein. Dabei kommen wir an verschiedenen Stützsäulen vorbei, die diesen Klangraum so stimmen, dass sich die Stadtklänge von aussen mit den Wasserklängen von innen vielfältig mischen. Ebenfalls lässt sich hier die eben gemachte Hörerfahrung des Manessebrunnens wiederholen und vertiefen und das Hören des Stadtklangs von innen her erforschen.

Klangobservatorium

Wasserklangraum

Resonanzraum

In unmittelbarer Nähe zum lichten, hell klingenden Helmhaus befindet sich ein dunkler erdgebundener Resonanzraum: Unter der Quaibrücke können Sie einen Klangraum entdecken, den Sie noch körperlicher wahrzunehmen vermögen. Die Stadt erscheint aus dieser Perspektive sehr dramatisch und aktiv. Wenige Zentimeter über Ihrem Kopf fahren die Tramzüge und bringen den ganzen Brückenkörper zum Schwingen. Den Gegenpol zu dieser «Klangerdbebenstelle» finden Sie in der grossen Halle des Hauptbahnhofs, nur 2 Kilometer flussabwärts. Dort fliegen Klangechos unendlich vieler Stimmen fast schwerelos durch die grosse hohe Halle.

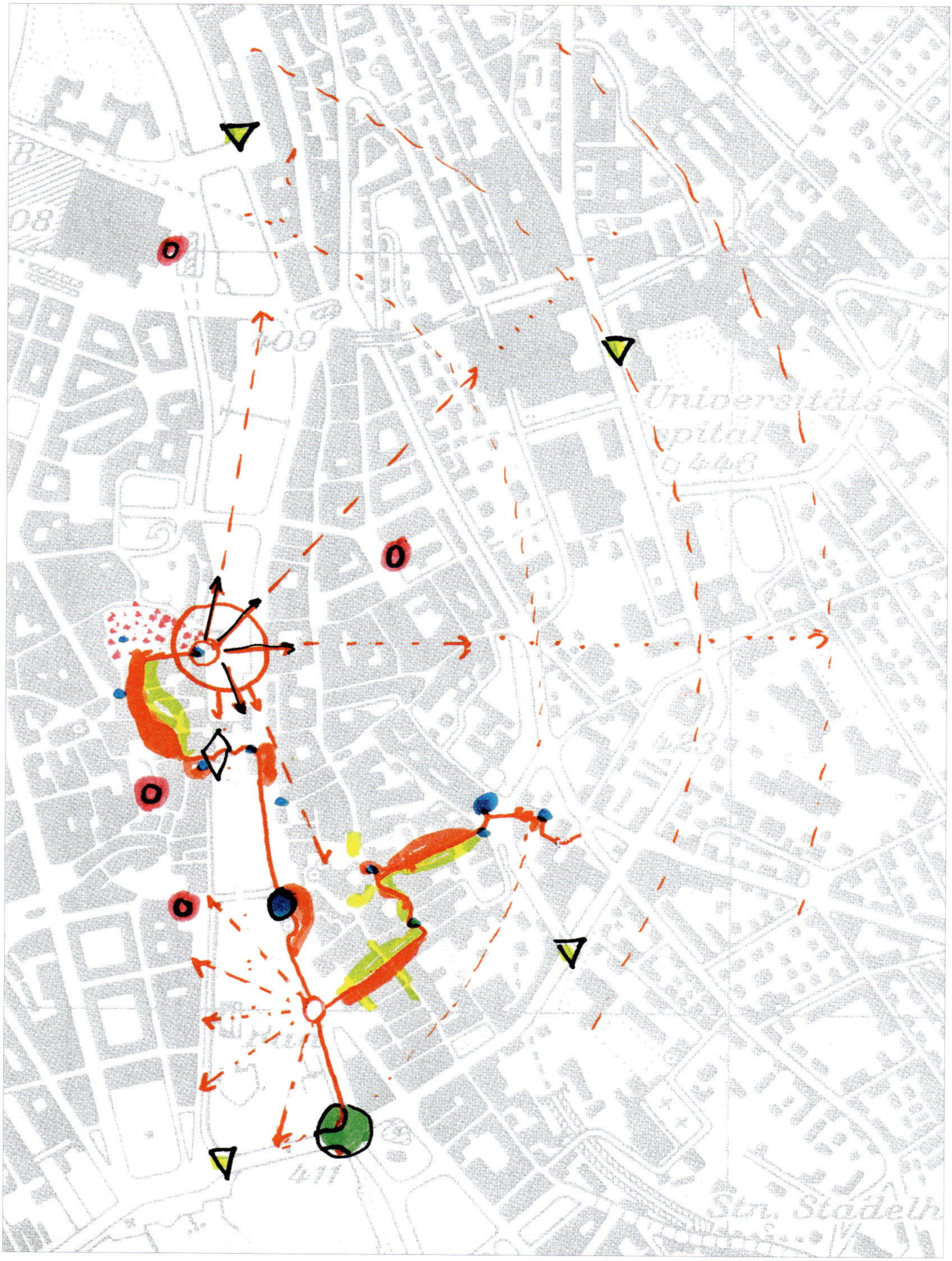
Universitäts
spital
446
409
411
Stn. Stadelh

Choreografie fliegender Klangschatten

Gehen wir das Limmatquai nun weiter, können wir einige der Klangphänomene, die der Hauptbahnhof in grandioser Weise bietet, schon hier entdecken. In diesem Echoraum können wir nachts die Choreografie von fliegenden Klangschatten besonders gut wahrnehmen.

Geht man auf den Samsonbrunnen zu, spürt man die Ruhe, die dieser Vierstrahlbrunnen ausstrahlt. Ein italienisch anmutendes Flair verströmen zudem die Glocken der St.-Peters-Kirche und die des Fraumünsters, die zeitgleich schlagen.

Wir gehen nun weiter das Rathaus entlang und erreichen die Rathausbrücke. Fast würde man den kleinen Rathausbrunnen an der Gebäudeecke übersehen, doch seine feine Wasserstimme lockt uns, näher zu treten. Ein kleiner, besonderer Hörraum öffnet sich uns, die Klangreflexionen der Rathauswand tanzen am Vormittag mit den Lichtreflexen der Wasseroberfläche um die Wette. Dieser Klangraum verschwindet aber schon nach ein paar Schritten, denn die harten Reflexionen des Betonbodenbelags der Rathausbrücke provozieren eine Klangraumqualität, die wir erst wieder in den Aussenbezirken der Stadt finden. Die emotionale Ruhe, die sich sonst in der Innenstadt einzustellen vermag, scheint hier gleichsam weggewischt zu werden. Sobald Sie den Weinplatz betreten, verflüchtigt sich aber dieser Eindruck schnell wieder. Wenn Sie hier wiederum ein paar Mal auf- und abgehen, können Sie die Charakteristik der unterschiedlichen Bodenbeläge präzise hören. Die unterschiedlichen kleinen Rundungen der Pflastersteine reflektieren sehr lebendig alle Geräusche. Besonders die Schritte der Fussgänger und ihre Stimmen sind deutlich davon betroffen. Der kleine Winzerbrunnen vor dem Hotel Storchen bietet uns nochmals einen ganz wunderbaren Klangraum an. Interessanterweise sind die beiden Wasserrohre dieses reich verzierten Biedermeierbrunnens nicht symmetrisch angelegt, was auch dem Auge eine belustigende Abwechslung bietet.

Grafische Notation des 1. Klangspaziergangs vom Kunsthaus zum Lindenhof. Eingezeichnet sind örtlich charakteristische Klangprägungen mit Notizen zur Qualität der jeweiligen Hörhorizonte.

Wie wir aus den eben gemachten Hörerfahrungen erwarten können, empfängt uns der schmale Eingang der Strehlgasse, die uns in Richtung Lindenhof führt, mit einem besonders schönen akustischen Raum. Mit den Resonanzen der in verschiedenen Winkeln zueinander stehenden Fassaden erzeugt er eine sehr intime Räumlichkeit. Lebendig springen die Echos von Gesimse zu Gesimse, brechen sich an Mauervorsprüngen und Dachkanten und werden so oft hin und her reflektiert, dass wir einen glockenähnlichen Klang wahrzunehmen glauben. Zudem ändert sich der Grundriss der aufsteigenden Gasse ständig. So durchschreiten wir eine Serie von ineinanderfliessenden Klangräumen, die fast alle Eindrücke des bisherigen Spaziergangs noch einmal zusammenfassen. Das Stimmengemurmel, die Echos sich scheinbar antwortender Schrittrhythmen, schwer ortbares Summen und einzelne Fernklänge; hier können die einzelnen Schichten des Stadtklangs modellhaft gleichsam unter der Hörlupe studiert werden. Die engen Gassen bilden ein Hörlabyrinth, das uns auf sehr überraschende Weise auch in weiter entfernte Räume hören lässt.

Serie von ineinanderfliessenden Klangräumen

Hörlabyrinth

Die Strehlgasse hinaufgehend, erreicht man neben dem Restaurant Chindli den ältesten noch funktionierenden Stadtbrunnen, den Amazonenbrunnen. Auch dieser kräftig sprudelnde Brunnen war einst, wie der Samsonbrunnen am unteren Ende des Rennwegs, ein Gebrauchsbrunnen. Ein paar Schritte wieder zurück und die Pfalzgasse hinauf verlässt man die «Murmelphase» und gelangt durch eine steil nach oben führende Rampe zum Lindenhof.

Wir tauchen sanft aus dem Altstadtklangraum auf und gleiten stufenlos in die einzigartige Stimmung des Lindenhofs hinein. Wir stehen mitten im ehemaligen Innenhof der befestigten Pfalz. Hier empfängt uns ganz unerwartet die Stimmung eines Waldes: Der Stadtlärm tritt in den Hintergrund, obwohl er nur 20 Meter weiter weg, unterhalb des Lindenhofes, den Echoraum über der Limmat dominiert. Das Murmeln der

Menschen wird hier von den prächtigen Linden absorbiert und gestreut. Hier fühlt man sich wie an einem idyllischen, mediterranen Ort. Der Lindenhofbrunnen scheint seine Geschichte der wehrhaften Zürcherfrauen in mittelhochdeutschem Wassergemurmel zu erzählen.

Am vorderen Ende des Lindenhofs betreten wir einen wunderbaren Balkon, der uns nicht nur einen Blick übers ganze Niederdorf und den anschliessenden Zürichberg bietet, sondern auch ein einmaliges Klangpanorama der inneren Stadt vorführt.

Mit diesem musikalischen Höhepunkt endet der Klangspaziergang durch die Altstadt, der in seiner vielgestaltigen Gesamtheit als Komposition verstanden werden kann.

Helmhaus
4
15
30

HOTELS

Sechs Klangspaziergänge zum Ausprobieren

Übersicht

Die Pläne und kurzen Beschreibungen von sechs Klangspaziergängen ermöglichen es jedermann, jederzeit einen eigenen Klangspaziergang zu unternehmen. Die Dauer beträgt jeweils etwa eine Stunde.

Klangspaziergang 1:
Vom Kunsthaus zum Lindenhof

Klangspaziergang 2:
Vom Hauptbahnhof zum Schanzengraben

Klangspaziergang 3:
Von Seebach zum Opfikerpark

Klangspaziergang 4:
Vom Zürichhorn zur Burgwies

Klangspaziergang 5:
Vom Hallwylplatz zur Sihlcity

Klangspaziergang 6:
Vom MFO-Park zum Seebacherplatz

Abb. S. 28/29 _ Limmatquai zwischen Helmhaus und Musik Hug.

Abb. S. 31 _ Übersichtskarte der sechs Klangspaziergänge.

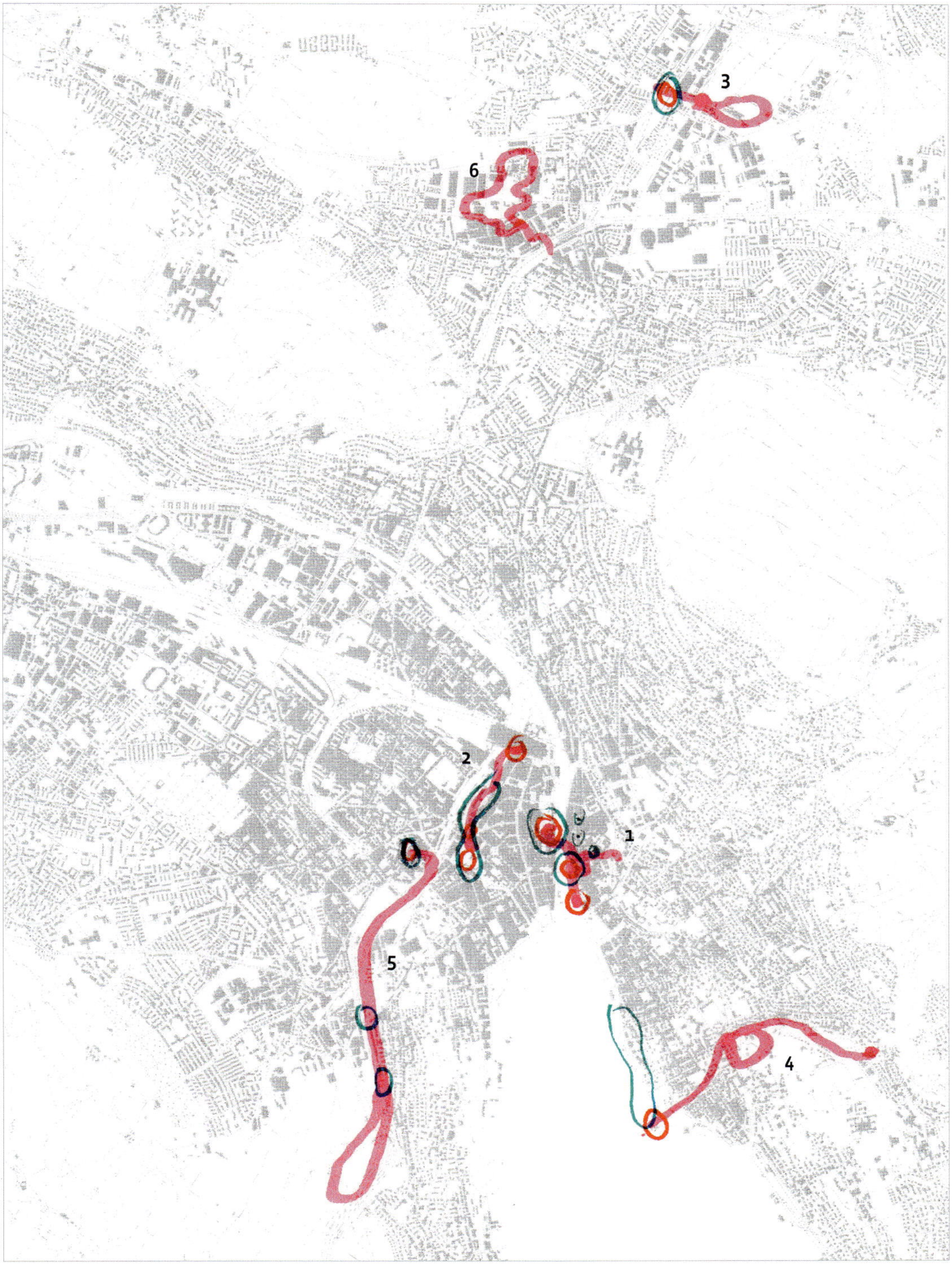
3
6
2
1
5
4

Vom Kunsthaus zum Lindenhof

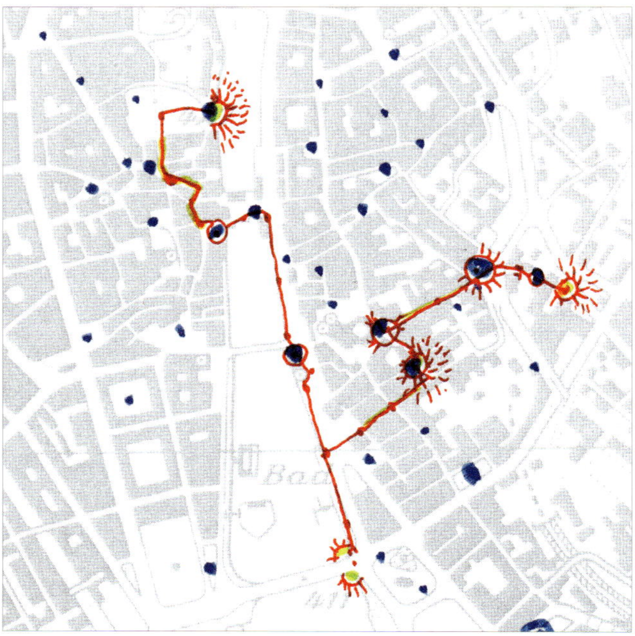

1. Klangspaziergang: Vom Pfauen durch die Altsctadt zum Limmatquai, unter die Quaibrücke und dann zum Lindenhof.

Raumklänge

1. Wir starten den Klangspaziergang vor dem Kunsthaus. Von hier aus begeben wir uns durch die Klangschleuse zwischen den beiden Glaswänden beim Kunsthauscafé und entdecken den ersten Brunnen hinter dem Kunsthaus.

2. Wieder in der Krautgartengasse können wir ein Gleichgewicht zwischen dem Klangraum des ersten Brunnens und dem des bereits hier hörbaren Manessebrunnens entdecken: eine schwebende Klangzone in feinem Gleichgewicht.

3. Der Manessebrunnen bietet einen mächtigen Wasserklangraum, der beim Nähertreten den Stadtklang vollständig zudeckt.

4. Am Anfang der Kirchgasse erahnen wir hörend das alte Junkerntor, sodass wir gleichsam durch ein Klangtor hindurch in den Klangraum der Altstadt gelangen.

5. Das Theologische Seminar vermag zwei Klangräume in die Kirchgasse hinaufzuspiegeln: Stimmen und Schritte von der unteren Kirchgasse und das Rauschen des Grossmünsterbrunnens aus der Münstergasse: eine besondere Klangfatamorgana.

6. Der Anfang der Neustadtgasse entpuppt sich als Hörrohr, das Stimmen aus der Kirchgasse verständlich überträgt, und der Klang des Niklausbrunnens wird fein dazugemischt. Der Niklausbrunnen klingt besonders reich, und man kann sich hier sehr leicht in den Klang des historischen Stadtraums hineinversetzen.

7. Durch die Trittligasse und Geigergasse hinab gelangen wir ans Limmatquai. Das offene Wasser spiegelt, selber lautlos, die Klänge vom linken Ufer herüber und bildet so einen grosszügigen Spiegelhallraum, der (seit der Verkehrsberuhigung) von der Quaibrücke bis zum Central reicht.

Klanglabyrinth

8. Es sind nur ein paar Schritte zum Brückenresonanzraum unter der Quaibrücke. Ein kleiner Steg führt uns ein bisschen unterhalb des Wasserspiegels zwischen die Eisenträger der Brücke, die von den Trambahnen regelmässig in Schwingung versetzt werden und uns mit einer erdbebenartigen Welle erfassen. Dieser Urpuls durchzieht seit Mitte des 19. Jahrhunderts den ganzen Stadtkörper.

9. Die Riviera entlang gelangen wir zum Helmhaus: Es birgt im Inneren seines Arkadenraums einen der schönsten Raumklänge der Stadt Zürich. Die alte Heilquelle wird in den Gewölben aufs Raffinierteste verspiegelt, und die sieben offenen Torbogen mischen den Stadtklang von aussen nach innen räumlich abgestuft dazu. Die Architektur dieses Arkadengeschosses kann als Modell für ein Klangobservatorium angesehen werden.

10. Wir gelangen via Limmatquai zum Rathaus, wo wir auf die Rathausbrücke abbiegen und versuchen, den kleinen Brunnen hinter dem Rathaus nicht zu überhören. Die Leuchten auf der Rathausbrücke erzeugen nachts ein merkwürdiges Dauersummen, das zusammen mit dem Echo der harten Betonbrücke an die Klangatmosphären von Neubauplätzen erinnert.

11. Über den Weinplatz gelangen wir in die Strehlgasse, nicht bevor wir den reich verzierten Biedermeierbrunnen (Winzerbrunnen) vor dem Hotel Storchen besucht haben. Die Strehlgasse führt uns durch das schönste Klanglabyrinth der Stadt Zürich hinauf zum Lindenhof.

12. Auf der Terrasse des Lindenhofs befinden wir uns im ehemaligen Innenhof der Pfalz. Es empfängt uns hier mitten in der Stadt die Klangatmosphäre eines Waldes, obwohl nur ein paar Schritte weiter, bei der nördlichen Stützmauer der ehemaligen Pfalz, eines der eindrücklichsten Klangpanoramen der Stadt auf uns wartet. Ganz unvermittelt eröffnet sich uns als abschliessender Höhepunkt des Klangspaziergangs ein grandioser Hörblick über die gesamte Altstadt hinweg zur Terrasse der ETH und weiter in Richtung Milchbuck. Gleichzeitig hören wir links den Bahnhof und rechts fast bis zur Quaibrücke.

Vom Hauptbahnhof zum Schanzengraben

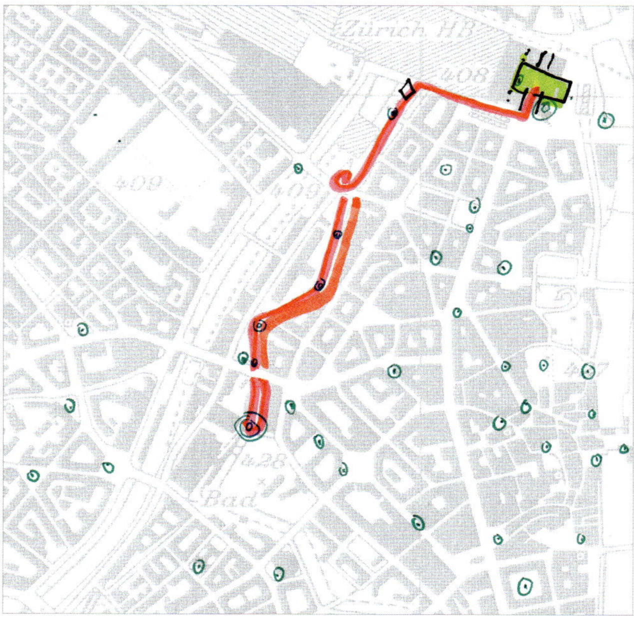

2. Klangspaziergang: vom Hauptbahnhof entlang des Schanzengrabens zum alten Botanischen Garten.

1. Wir beginnen unseren Klangspaziergang vor dem Eingang zum Hauptbahnhof vis-à-vis des Landesmuseums. Eine niedrige, ungewöhnlich breite Einfahrt führt uns durch eine akustische Blende vom städtischen Aussenraum in eine erste grosse Vorhalle des Bahnhofs. Die Echos der hohen Glasdecke sind sehr bemerkenswert. Vor uns erheben sich drei Torbogen der alten Seitenwand, die uns in die grossartige Akustik der Haupthalle führen, in einen der schönsten Hörorte der Stadt!

2. Wir verlassen die Halle in Richtung Bahnhofstrasse und gelangen wiederum durch drei Torbogen in eine grössere Halle, deren Säulen und Kassettendecke eine sehr eigenständige akustische Raumcharakteristik aufweisen. Bevor wir auf den Bahnhofplatz gelangen, durchqueren wir den Hallraum einer grossen Kuppel.

3. Wir durchqueren die Tieftonfalle des neuen Glaskörpers der Tramhaltestelle auf dem Bahnhofplatz und biegen, am Sihlufer angelangt, links ab. Hier kann uns die Klangwelle eines unsichtbaren S-Bahn-Zuges überraschen, die uns – fast wie in New York – aus einem Schacht vom Boden her entgegenweht.

4. Wir entfernen uns vom Hauptbahnhof. Langsam verlieren sich die Bahnhofsgeräusche im Stadtlärm und die Lautsprecherdurchsagen schweben über dem Wasserraum der Sihl, freigelassenen Vögeln gleich, davon.

5. Die Sihl und der Zufluss des Schanzengrabens bilden hier eine einmalige Flussarena.

6. Bei der grossartigen Platane zwischen den beiden Wasserläufen steigen wir zum Schanzengraben hinunter. Wir betreten eine neue Klangwelt und folgen dem Nachhall der historischen Schanzenmauern. Der Schanzengraben fliesst fast lautlos, überrascht uns mit dem Murmeln einzelner Schwellen und Wirbel.

7. Unter dem Brückengewölbe der Sihlstrasse können wir eine modellhafte Akustik von Beton und Mauerwerk entdecken.

Weisses Rauschen

8. Beim tosenden Wehr steigen wir wieder in den Stadtlärm hinauf. Die Klangwelt des Schanzengrabens wird hier in ein solides weisses Rauschen getaucht. Das Spektrum der Stadt wiederentdeckend, gehen wir weiter in Richtung des alten Botanischen Gartens.

9. Wir umrunden zunächst den kleinen Hügel des Gartens und gelangen zu einer kleinen Oase: Die Hörqualität dieser kleinen Terrasse ist aussergewöhnlich!

10. Schliesslich gelangen wir auf den Hügel der ehemaligen Schanze, wo wir, umgeben von hohen Bäumen, die Stadt zwar nicht sehen, dafür aber als Rundpanorama hören können. Am Ende unseres Klangspaziergangs angelangt, hören wir in alle Richtungen mindestens 1 Kilometer weit in den Stadtraum hinein. Vielleicht können Sie alle Stationen des eben gemachten Spazierganges heraushören?

Von Seebach zum Opfikerpark

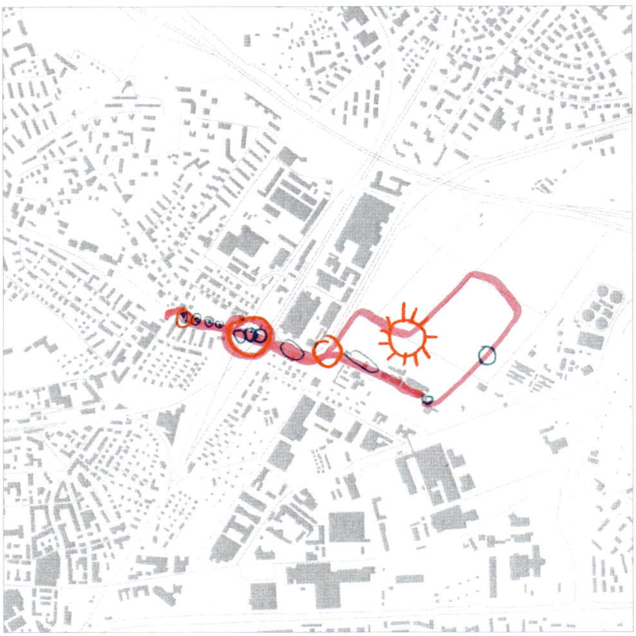

3. Klangspaziergang: von der Endstation Seebach zum Opfikerpark.

1. Aus der engen Innenakustik des Tramwagens der Linie 14 tritt man unvermittelt auf den offenen Platz der Endstationsschleife in Seebach. Der Klangspaziergang beginnt beim fast unsichtbaren Austritt des Katzenbachs am östlichen Rand des freien Platzes.

2. Eine längere Holzwand widerspiegelt den ersten hörbaren Wasserwirbel des sonst still fliessenden Gewässers.

3. Während wir den fast gleichmässig geradeaus fliessenden Bach entlanggehen, tauchen nun in regelmässigen Abständen kleine Wasserwirbel auf, die für den hörenden Fussgänger den Weg mit unterschiedlichen Wassergeräuschen akustisch lebendig gestalten.

4. Schon nach etwa 100 Metern beginnen sich die Hallfahnen der S-Bahn-Züge bemerkbar zu machen.

5. Vor der ersten Brücke öffnet sich der Weg zu einem kleinen Platz. Am Himmel kann plötzlich ein startendes Flugzeug auftauchen. Zumindest streichen die Lärmfahnen tief fliegender Flugzeuge hier öfter um die Brückenpfeiler.

6. Der Fussweg führt unter den Säulen der ersten Eisenbahnbrücke hindurch. Dabei sehen wir in etwa 50 Meter Entfernung zwei weitere Eisenbahnviadukte, die mit ihren vielen Säulenreihen einen grossen, an der Südseite spitz zulaufenden Platz bilden. Zusammen mit an der Nordseite aufgereihten Generatoren eines Umspannwerkes fühlt man sich geradezu umzingelt von

theatralischen Kulissen, die an eine altägyptische Tempelanlage erinnern. Die Echoeffekte sind sehr vielfältig, und manche der doppelreihigen Abschnitte der Eisenbahnbrücken bilden richtige Hallräume, die, abhängig von ihrer jeweiligen Höhe, anders gestimmt sind.

7. Über eine kleine rote Brücke gelangen wir in das innere, gartenartige Gelände der Tempelanlage. Der Katzenbach fliesst hier etwa 30 Meter dreiadrig und vielmurmelnd ostwärts den Generatorenreihen entlang. Der Ort würde eine gewisse Stille ausstrahlen, wären die drei Eisenbahnviadukte nicht so stark befahren. Oft gleiten mehrere Züge dicht hintereinander über die Köpfe der Besucher hinweg. Manche bleiben vor einem Lichtsignal stehen und fahren, zuerst fast unhörbar knirschend, dann aber rasch beschleunigend wieder an. Die Armada der stetig vor sich hinsummenden Generatoren bewacht stumm und unbeweglich die monumentale Szenerie.

Lärmfahnen

8. Gehen wir nun weiter östlich, erreichen wir schliesslich die Säulenreihe der letzten Brücke. Am Ausgangstor entdecken wir ein beispielhaftes akustisches Spiegelphänomen. Stehende Wellen des hell rauschenden Katzenbachs können beim Durchqueren der letzten Säulenreihe an der inneren Decke des Viadukts wie ein Klangregenbogen gehört werden. Die Obertonspektren gleiten, feinen Glissandis ähnlich, auf und ab, je nachdem, wie man sich im Spiegelklangfeld bewegt. Wenn wir unter der Brücke in Richtung Thurgauerstrasse heraustreten, hören wir die Spiegelung an der oberen Kante der Brücke lauter als das rechts von der Bachschwelle leicht verdeckte Quellgeräusch des stetig sprudelnden Wassers.

9. Der Katzenbach verschwindet für eine kurze Distanz unter der Thurgauerstrasse. Das Trottoir der neuen Aubruggstrasse verläuft exakt in der Achse der Hochspannungsleitung, sodass wir zwischen den vier Stelzen eines stählernen Hochspannungsmastes hindurch in offenes, noch unbebautes Gelände gelangen. Hier entsteht seit 2002 eine neue Stadt.
Je weiter wir uns von der Thurgauerstrasse wegbewegen, desto deutlicher wird der Klangwind, der vom Irchel herunterweht. Das stete Rauschen der Stadtklangkuppel wird von den zunächst noch unsichtbaren Flugzeugen regelmässig verfärbt und schliesslich vollständig übertönt. Die Klangkuppel öffnet und schliesst sich dadurch immer wieder.

10. Entlang der noch nicht ganz fertiggestellten Franklinallee stehen bereits Laternenpfähle. Bei jedem zweiten haben sich kleine Metallkappen des Lampenschutzgehäuses gelöst. Mit ihnen treibt der Wind ein listiges, kaum beabsichtigtes Gamelanspiel.

11. Am neuen See des Opfikerparks angekommen, versuchen wir, uns in den unsichtbaren Stadtklangräumen zu orientieren. Die sichtbaren Geländeachsen decken sich nicht unbedingt mit den hörbaren Raumfluchten. Früher hörte man hier bis zum Milchbuck hinauf. Unser Klangspaziergang endet an der Lärmschutzwand der Autobahn zum Flughafen. Wir haben zwar die Grenze der Stadt Zürich schon beim Verlassen der Aubruggstrasse überschritten. Hier sind wir aber an der akustischen Grenze der Stadt angekommen und hören, wie alle Stadtklänge vom Verkehrsstrom verschluckt werden.

Vom Zürichhorn zur Burgwies

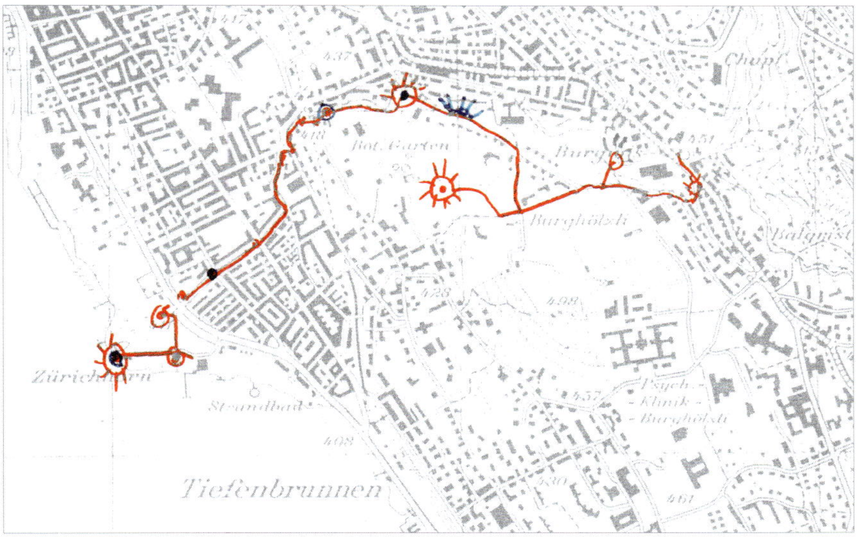

4. Klangspaziergang: vom Zürichhorn zur Burgwies.

1. Wir starten unseren Klangspaziergang auf der Terrasse des Restaurants Fischstube am Zürichhorn. Dieser Ort bietet erholsame Ruhe, wir hören den Stadtklang fein über den See wehen, und die Stimmung wird durch sanftes Wellenschlagen unter der Terrasse vervollkommnet.

2. Wir verlassen die Fischstube und gelangen rechts nach wenigen Schritten ans Ufer des Zürichsees. Vor uns sehen wir eine grosse metallene Skulptur («Heureka» von Jean Tinguely). Es ist die einzige Klangskulptur der Stadt Zürich. Die Komposition, die zum ersten Mal an der Expo 1964 in Lausanne aufgeführt wurde, kann täglich (von April bis Oktober) jeweils von 11 bis 11.15 Uhr und 17 bis 17.15 Uhr gehört und betrachtet werden. Schon ein paar Schritte weiter hören wir bereits das Wasser des Hornbachs, noch bevor wir die kleine Brücke erreicht haben. Besonders das Rauschen der einzelnen Schwellen bestimmt den Klangraum um die Mündung des Hornbachs.

3. Wir gehen den Hornbach entlang aufwärts und versuchen, uns den

Klang der einzelnen Wasserstufen zu merken. Bei jedem Schritt können wir den Klangvorhang der dicht befahrenen Bellerivestrasse stärker wahrnehmen. Doch bevor wir sie erreichen, biegen wir links ab und gehen zum Psalmen- (auch genannt Zwyssig-)brunnen. Zu Ehren von Pater Alberich Zwyssig, dem Komponisten der Schweizer Nationalhymne errichtet, überrascht uns dieser Ort mit einer feinen und zärtlichen Wassermusik – ein wohltuender Gegensatz zur pathetischen Monumentalität der visuell dominierenden pyramidenförmigen Brunnenstele, die uns eher an ein Grabmal erinnert.

4. Den Eingang zur Fussgängerunterführung finden wir neben dem Chinagarten. Wie viele der leicht gedrungenen Betonunterführungen in der Stadt bietet uns auch dieses Betonlabyrinth einen kleinen Lehrgang über Echo und Schallreflexionen. Wenn wir bei jedem Schritt kurz in die Hände klatschen, können wir hören, wie sich das Echo jedes Mal verkürzt und sich dann in eine stark sirrende Nachhallfahne verwandelt.

5. Wir verlassen die Unterführung und biegen in die Hornbachstrasse ein, die uns nach Überqueren der Dufourstrasse entlang des offenen Hornbachs ins Seefeldquartier führt. Kurz vor der Seefeldstrasse finden wir eine versteckte Treppe, die zu einer kleinen Plattform führt. Dort hören wir, wie wild der Hornbach klingen kann. Wir folgen dem Verlauf des Hornbaches und gelangen so in die Wildbachstrasse. Der Hornbach folgt hier einer Doppelkurve, die geschwungene Betonrille zwingt das rasch fliessende Wasser zu vielen Wirbeln und Strudeln, die uns unbekannte Betonwassermelodien vorspielen. An der Höschgasse verschwindet der Hornbach, und wir nehmen rechts den Burgweg zur Zollikerstrasse und lassen uns von der kleinräumigen Dorfkulisse von Alt-Riesbach überraschen. Wir hören hier ganz deutlich das Echo unserer Schritte und können die eben gemachte Hörerfahrung der Fussgängerunterführung sozusagen in die Praxis umsetzen.

6. Wir überqueren die Zollikerstrasse und hören vor uns einen alten Doppelbrunnen aus dem 18. Jahrhundert. Der helle Ton seines Wasserstrahls mischt sich besonders schön mit dem kleinen natürlichen Wasserfall des Hornbachs. Wir nehmen den Fussweg, der uns leicht rechts, den Botanischen Garten entlang, langsam hinaufführt und bekommen während unseres kleinen Aufstiegs einen immer grösseren Hörüberblick über den unter uns fliessenden Hornbach. Wir überqueren die Zubringerstrasse zum Botanischen Garten, und kurz bevor wir die Weineggstrasse erreichen, finden wir eine kleine Bank, die einen zauberhaften Höraussichtspunkt in Richtung Hammerstrasse bietet. Hier kann man auch, wenn man Glück hat, deutlich

das Echo einer Dampfschiffsirene hören, das vom Zürichhorn her an der Neumünsterkirche widerhallt.

7. Die Weineggstrasse könnte man als Klangpanoramastrasse bezeichnen. Wenn eine Forchbahn die Forchstrasse hinunter in die Stadt fährt, erscheint mehrmals ganz kurz hintereinander ein Klangschatten, der zwischen den fünf- bis siebenstöckigen Häusern zur Weineggstrasse herüberdringt. Die Sequenz der von den Häusern rhythmisierten Bahngeräusche kontrapunktiert das Rauschen des Hornbaches, das kontinuierlich das Tobel hinter der alten Fabrik erfüllt.

8. Der kleine Weineggweg führt uns zur Weineggwiese, die wir von der Kartausstrasse her betreten. Innerhalb des Stadtgebiets ist es ein ungewöhnliches Gefühl, auf eine offene Wiese zu treten. Wir befinden uns auf einer Landschaftsterrasse, die uns einen grandiosen Höreindruck der gesamten Stadt bietet. Wir sehen die Stadt nicht als Ganzes vor uns liegen, wir hören sie aber von Witikon bis zur Enge, und bei günstigem Wind können wir die Glocken der Kirche Bruder Klaus vom Milchbuck hören, die hinter den Kuppeln der Universität und der ETH zu erkennen ist.

9. Am Burghölzliwald vorbei gehen wir die kurze Kartausstrasse entlang, die in den Buchenweg führt. Schon nach wenigen Schritten entdecken wir linker Hand einen kleinen Fussweg, der beidseitig eng mit Büschen gesäumt ist und eine hohle Gasse bildet. Sie führt auf den Waldrand des Hornbachtobels zu und öffnet sich zu einem kleinen Platz, der von Buchen umgeben ist. Hier finden wir einen ganz besonderen Klangraum: Das Rauschen des Windes, das Rauschen des Hornbachs aus dem Tobel und das Stadtrauschen halten sich auf ganz eigentümliche Weise in der Balance, sodass das Ohr dauernd hin- und hergleitet.

10. Wir gehen wieder zurück zum Buchenweg, folgen ihm und biegen dann links in den Buchensteig ein. Kurz bevor es steil den Buchensteig hinuntergeht, finden wir vier hübsch positionierte Bänke, auf denen es sich ganz gut ausruhen und hören lässt. Auch hier befinden wir uns auf einem versteckten Höraussichtspunkt, der uns das Stadtrauschen sehr charmant vorspielt.

11. Wir gehen den Buchensteig hinunter, folgen dem letzten Stück des Russenwegs und gelangen auf die dicht befahrene Forchstrasse. Kurz bevor wir an der Station Burgwies die Tramlinie 11 zurück in die Stadt besteigen können, hören wir nochmals den Hornbach, der neben dem Kiosk unter der Forchstrasse hindurchfliesst. Vielleicht erinnern Sie sich noch an den Klang der letzten Schwelle des Hornbachs im Zürichhorn?

Vom Hallwylplatz zur Sihlcity

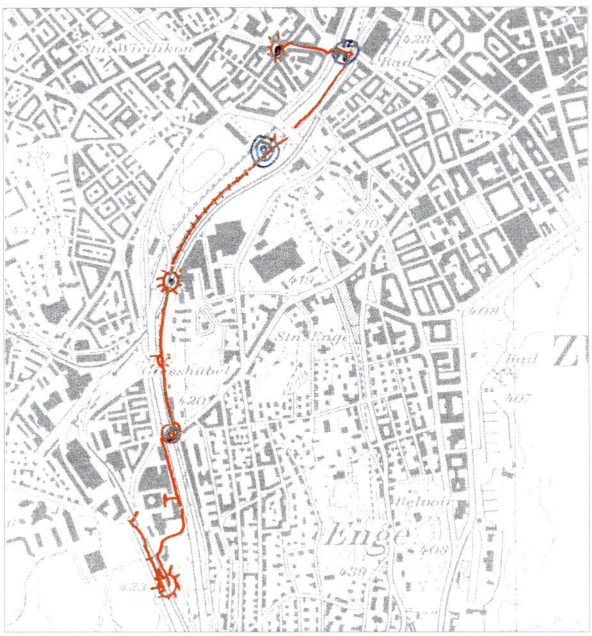

5. Klangspaziergang: vom Hallwylplatz zur Sihlcity.

1. Wir starten unseren Klangspaziergang (auch für Radfahrer geeignet) auf dem Hallwylplatz. Im Zentrum des Platzes hören wir das leicht arhythmische Plätschern des Brunnens. Der Hallwylplatz ist eine aussergewöhnliche Klangarena. Die Stimmen aus den verschiedenen Restaurants und die der spielenden Kinder auf dem Platz klingen hier besonders räumlich. Wenn das Sonntagsgeläut der nahen Kirche St. Peter und Paul und der St.-Jakobs-Kirche den dreieckigen Echoraum erfüllt, kann man die Wirkungen der Resonanzen der Hinterhöfe erkunden. Ebenfalls hört man die mehrstimmige Mischung der an- und abschwellenden Echofahnen der verschiedenen Trambahnen von der Stauffacherstrasse und der Werdstrasse.

2. Wir verlassen den Hallwylplatz und gelangen ostwärts durch die Morgartenstrasse in Richtung Sihl. In der Morgartenstrasse hören wir die Echos der Schritte besonders deutlich. Jeden Morgen erklingt ein veritables Schrittkonzert, das die vielen Angestellten, die zur nahen Börse eilen, erzeugen. Am Ende der Morgartenstrasse, kurz bevor wir einen grossen offenen Raum betreten, hören wir einen kleinen Brunnen, der sich kaum gegen den Verkehrslärm zur Wehr setzen kann. Die vor uns liegende Stauffacherbrücke wird bewacht von vier Löwen, die der Klangszenerie, die sich etwa zu gleichen Teilen aus dem Rauschen der Sihl und dem Verkehrsrauschen der Stadt zusammensetzt, eine sehr theatralische Wirkung geben. Wir betreten die Stauffacherbrücke und lassen uns von den steinernen Löwen nicht aus der Ruhe bringen.

Der Blick sihlaufwärts ist überraschend. Die Baumreihen links und rechts des Flusses bilden eine starke Perspektive, die aus der Stadt hinaus in die Natur zu führen scheint. Der brandende Stadtlärm und das bereits hörbare Tosen des grossen Sihlwehrs lassen uns aber nicht aus ihren Fängen.

3. Wir verlassen die Brücke, biegen rechts ab und gehen auf dem stegartigen Trottoir entlang der Sihlhölzlistrasse flussaufwärts. Links steigt das Terrain rampenartig an, was den Klang der Strasse stetig und sehr stark verändert. Am Tunnelausgang der Sihltalbahn vorbei gelangen wir unter der Manessestrasse hindurch schliesslich zur Sihlpromenade.

4. Der Engetunnel markiert einen der am stärksten befahrenen Knotenpunkte der Stadt, und wir sind überrascht, wie schnell sich der Klang ändert, nachdem wir ein paar Schritte in eine der schönsten Alleen der Stadt gemacht haben. Rechts führt ein kleines Tor hinunter zur Sihl. Eine einsame Bank lädt zum Hören der Sihlschwelle ein, die mit ihrem starken Tosen die Szenerie gänzlich beherrscht und den städtischen Verkehrslärm vollständig ausblendet. Ab und zu sind sehr tiefe donnernde Geräusche wahrnehmbar. Es ist nicht klar, ob sie vom Wasser herrühren oder ob wir die Züge, die genau hier unter der Sihl vom Bahnhof Enge zum Hauptbahnhof fahren, hören können.

5. Weiter sihlaufwärts gelangen wir ans Ende der wunderbaren Baumallee und sehen plötzlich das Ende der Sihlhochstrasse, deren unvollendeter Brückenstumpf sich dramatisch gegen den Himmel abhebt. Wir betreten hier den Hallraum einer etwa anderthalb Kilometer langen Säulenhalle. Zwei Reihen von 12 Meter hohen Pfeilern stehen in der Sihl, die das sehr unterschiedlich gefärbte Wasserrauschen des Flusses hin- und herspiegeln und mit dem Stadtrauschen der Manessestrasse verwirrend vermischen. Der Fussweg wird durch die Unterführung bei der Eisenbahnbrücke in der unmittelbaren Nähe des Bahnhofs Giesshübel ganz zur Sihl hinuntergeführt. Hier tauchen wir für einen kurzen Moment vollständig in die Wasserklangsphäre der Sihl ein. Die Sihl klingt hier wie ein wilder Bergbach.

6. Wir gehen weitere 300 Meter flussaufwärts unter der Sihlhochstrasse den sich monoton aneinanderreihenden Säulen entlang. Für unsere Ohren unhörbar sind die Fledermäuse, die hier vor allem abends mit ihren Ultraschallsignalen die akustische Szenerie dominieren. Das stete Tosen der Stadtautobahn nehmen wir zwar wahr, da es sich aber während der ganzen Zeit, in der wir uns im Hallraum der Sihl bewegen, nicht ändert, verschwindet es scheinbar aus unserem Bewusstsein.

7. Wir überqueren die Sihl über die Brücke der Bederstrasse und können die Perspektive der beiden Säulenreihen nun in ihrer ganzen Symmetrie erblicken. Hier ist einer der dramatischsten Orte der Stadt: Die Sihlhochstrasse bildet eine kilometerlange Säulenhalle, die sich flussabwärts und flussaufwärts scheinbar ins Unendliche erstreckt. Trotz der Klangwirbel unterschiedlichsten Tosens hören wir das Gurren Hunderter Tauben, die hoch über unseren Köpfen auf der Unterseite der Autobahn nisten und das Warten an der Bushaltestelle auf der Brücke eher unangenehm machen.

8. Wir überqueren die Sihlbrücke, biegen scharf links ab und gelangen das Sihlufer entlang, vorbei an den neuen Glasfassaden der Sihlcity, zum Kalanderplatz. Eine offene Treppe führt direkt zur Sihl. Hier hören wir besonders präzise, wie Gebäude den Schall zurückwerfen. Es ist überraschend, wo man das Rauschen der Autobahn genau zu hören bekommt und wie die Klänge hier die Lärmschutzmauer überspringen und nach unten gelangen können. Der Kalanderplatz selbst bietet eine postindustrielle Arena mit grossstädtischem Sound.

9. Wir gehen weiter das Sihlufer entlang und stehen schliesslich auf einem grossen, etwas unübersichtlichen Parkplatz. Die gut hörbaren Echos der Fassaden bestimmen auch diesen offenen Stadtraum. Ein aussergewöhnliches Flatterecho mit scharfem, fast gläsernem Nachhall finden wir in der neu gebauten Fussgängerunterführung, die nur ein paar Schritte vom Parkplatz weg unter der Allmendstrasse hindurch zur Allmend führt. Wir gehen bis zur Mitte der Unterführung, um die akustischen Eigenschaften dieses ganz neuen Stadtraumes zu erkunden. Zu beachten ist der scharfe Unterbruch des Raumhalls bei den Öffnungen der Treppenzugänge, die aus der Unterführung auf die Allmendstrasse hinaufführen.

10. Wir nehmen die Rampe hinauf zur Allmendstrasse und folgen ihr in Richtung Innenstadt bis zur S-Bahn-Haltestelle Saalsporthalle. Hier hören wir den Klang eines der zeitgenössischen Stadttore: Mehrere Klangkulissen umgeben uns dicht gestaffelt. Die sich leicht senkende Kreuzung Allmendstrasse/Giesshübelstrasse bildet eine pompöse Klangarena. Eine hohe, konkav geschwungene Stützmauer mischt die Klangströme auf einmalige Weise.

11. Bei der S-Bahn-Haltestelle Saalsporthalle beenden wir unseren Klangspaziergang, hier klingt es fast so chaotisch wie bei der Station Friedrichstrasse in Berlin.

Vom MFO-Park zum Seebacherplatz

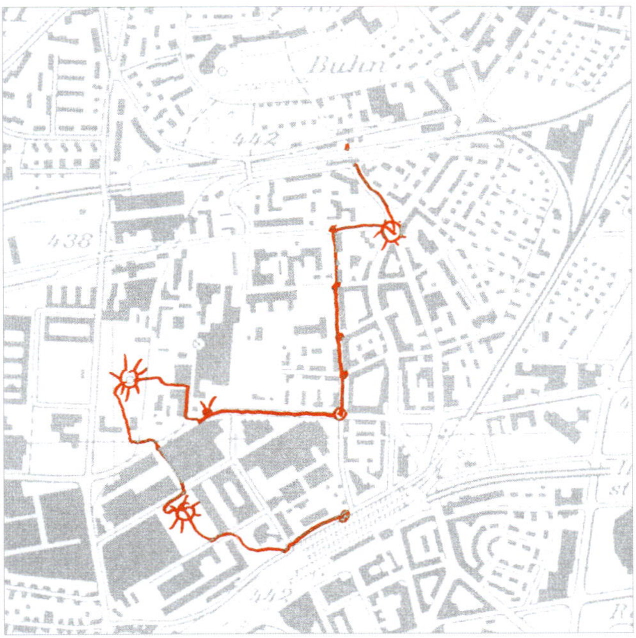

6. *Klangspaziergang: vom MFO-Park zum Seebacherplatz.*

1. Wir beginnen unseren Klangspaziergang am Bahnhof Oerlikon und unterqueren die Geleise in Richtung Norden. Eine hohe Querwand bildet das Ende der Unterführung und der offene Schacht, durch den wir nun hochsteigen, sammelt alle Geräusche des Bahnhofs und projiziert sie vertikal aus dem Tunnel der Unterführung hinaus in den oberen Stadtraum. Nur ein paar Schritte die Treppe hinauf und wir erreichen oben auf der Affolternstrasse eine komplett andere Klangatmosphäre. Hier hören wir die Geräusche der vorbeifahrenden Züge in einer weiträumigen Arena.

2. Wir folgen links der Affolternstrasse und biegen dann rechts ab, um links durch einen Hofeingang, den Kurt-Hirschfeld-Weg in einen zunächst recht klein erscheinenden Hinterhof zu gelangen. Dieser öffnet sich dann aber unvermittelt nach rechts, und wir sehen eine hoch aufragende bewachsene Ecke des MFO-Park-Gerüsts. Die Elias-Canetti-Strasse, die Ricarda-Huch-Strasse, die Sophie-Taeuber-Strasse und die James-Joyce-Strasse umrahmen den Platz des MFO-Parks. An der Stelle der ehemaligen Maschinenhalle, dem Zentrum der alten unzugänglichen Fabrikstadt, bildet der MFO-Park nicht bloss einen flächigen Garten. Wir erkennen mehrere Treppen, die in die oberen Etagen der Gartenanlage führen. Diese laden uns ein hinaufzusteigen, um die vertikal übereinanderliegenden Klangschichten der Echos, die vom Bahnhof her in diesen Park hineinprojiziert werden, etwas genauer zu untersuchen.

3. Wir steigen auf die oberste Plattform. Wenn wir uns konzentrieren, erkennen wir in den an- und abschwellenden Zuggeräuschen ganz klar die Fahrbewegungen der vorbeifahrenden Züge, die von den Gebäuden an der Elias-Canetti-Strasse verdeckt werden. In den Echos der Klangspiegelung kehrt sich die Fahrtrichtung um, sodass die Züge sich, akustisch betrachtet, in die Gegenrichtung zur eigentlichen Fahrtrichtung bewegen. Wir können hier eine grosse akustische Camera obscura beobachten. So wie eine einfache optische Linse das Bild auf den Kopf stellt, so kehrt hier die akustische Linse die Klangraumabbildung auf den Kopf.

4. Wir steigen nun wieder von unserem städtischen Horchposten hinunter und nehmen den Mascha-Kaléko-Weg, der uns von der Nordwestecke des MFO-Parks weiter nach Neu-Oerlikon führt. Wir durchqueren einen interessanten Hinterhof, dessen Echos sich nochmals ganz anders anhören als die im MFO-Park. Das mag wohl auch an dem lamellenartigen Vorhang an der Fassade linker Hand liegen, der im Wind fein flirrt.

5. Wir überqueren, dem Mascha-Kaléko-Weg folgend, die Binzmühlestrasse und gelangen in einen platzartigen Hinterhof, der von limonengrünen Fassaden umgeben ist und dessen Zentrum von einem ruhig daliegenden Seerosenteich in Form eines grossen Tisches bestimmt wird. Am nördlichen Ende dieses eindrücklichen Raumes sehen wir eine Aussichtsturmspitze aufragen. Durch den nördlichen Durchgang gelangen wir schliesslich zum Oerliker Park, eine grosse, neu geschaffene Platzarena mit einer rasterartigen Baumbepflanzung, die an eine Obstplantage erinnert. Die Stadtklänge scheinen hier unentschlossen zu sein. Es ist erstaunlich zu hören, wie diese neuen Stadträume noch gar nicht erwacht zu sein scheinen. Mitten im Oerliker Park befindet sich ein runder Turm, den wir langsam über die spiralförmige Treppe besteigen. Dabei hören wir Schritt für Schritt, wie wir an Höhe gewinnen. Bei jeder Umdrehung der Turmtreppe eröffnet uns der Stadtklang eine andere Qualität. Oben angekommen, hören wir nicht nur über den gesamten neu entstandenen Oerliker Park, sondern können auch die Echos aus den angrenzenden urbanen Freiräumen entschlüsseln. Vom Turm aus sehen und hören wir auch in die Hinterhöfe der neuen Gebäude. Gefangene Innenräume und offene Plätze spielen zusammen und bilden hier durch ihre von den ehemaligen Fabrikgebäuden abgeleiteten Proportionen ganz neue Stadtakustiken. Es ist nicht ganz einfach, das diffus wirkende Resonanzkammersystem herauszuhören, wir werden wahrscheinlich einige Jahre brauchen, bis wir diesen neuen Stadtklang im Alltag integriert haben werden. Es lohnt sich aber, die Echos von Stimmen, Pingpongbällen und Basketbällen,

die gerade auf dem Platz zu hören sind, zu verfolgen. Sie hallen so vielfältig über den grossen Platz hin und her, dass wir ein veritables Echokammerspiel erleben können.

6. Wir steigen vom Turm hinunter und verlassen den Oerliker Park in Richtung Osten. Der Emil-Rütti-Weg führt uns rechts zum Wahlenpark. Wichtigstes Wahrzeichen des Wahlenparks ist eine grosse, fast freischwebende runde Scheibe. Unter dem grossen Rondell hören wir den Wind mit dem Dach spielen: ein feines Klatschen, das die Echos vom Platz und den umliegenden Fassaden überraschend kontrapunktiert.

7. Über die Otto-Schütz-Strasse gelangen wir zur Ruedi-Walter-Strasse, in die wir rechts einbiegen. Vor uns liegt ein sehr eigenartiges akustisches Tor zum Max-Bill-Platz. Die markanten Gebäude artikulieren mit ihren sehr spitzen Hauskanten die Echos der Stadtklänge so, als ob sie vor sich hinpfeifen würden.

8. Wir gehen die Binzmühlestrasse in Richtung Osten und erreichen nach wenigen Schritten die Grenze zwischen Alt-Oerlikon und Neu-Oerlikon. Hier hören wir zwei verschiedene Stadtklangqualitäten sich sanft überblenden. Wenn wir links in die Jungholzstrasse einbiegen, sind wir von einer akustischen Atmosphäre der 1960er-Jahre umgeben, die sich hier erhalten hat. Zwischen den alten Wohnhäusern hören wir das Tram von der Schaffhauserstrasse, wie es kurz auftaucht und wieder verschwindet, um erneut zu erscheinen und wieder zu verschwinden. Wir hören in diesen Rhythmen die Grösse der Häuserblocks (Jungstrasse, Gujerstrasse, Eggbühlstrasse), die sich deutlich von denen der Neuüberbauungen und Hinterhöfen von Neu-Oerlikon unterscheiden.

9. Wir biegen schliesslich in die Neunbrunnenstrasse ein und hören links einen kleinen renaturierten Bach, der mit ganz feinen Wasserklängen vor sich hin murmelt. Rechts hören wir ein markantes Dauersummen, das aus zwei kleinen runden Lüftungsöffnungen eines schuhkastenähnlichen Objekts austritt und akustisch die ganze Kreuzung dominiert.

10. Im kleinen Park bei der Schaffhauserstrasse beenden wir unseren Klangspaziergang. Vielleicht erinnern Sie sich an den Klang des Max-Bill-Platzes oder an die Hörperspektiven der obersten Plattform des MFO-Parkes? Wir sind nur gut 300 Meter (eine Hörsekunde) vom Bahnhof Oerlikon entfernt, ein ganz erstaunlicher Unterschied!

Hörenswerte Orte

Übersichtsplan der Innenstadt und der angrenzenden Quartiere: hörenswerte Orte (rot) und Brunnen (blau).

Klanghöhepunkte

1 Hauptbahnhof: Klangraumsymphonie
2 Quaibrücke: Resonanzklang
3 Helmhausbrunnen: Wasserklang
4 Sihlbrücke: Doppel-Echogewölbe
5 Kreuzplatz: Flüsterkuppel
6 Seebach: Platz der Eisenbahnviadukte

Innenhöfe

7 Linth-Escherhof (im Warenhaus Globus)
8 Posthof (Gartenwirtschaft im Hauptbahnhof)
9 Kreuzgang Fraumünster
10 Kreuzgang Grossmünster
11 Fischstube Zürichhorn

Besonders schön klingende Brunnenanlagen

12 Manessebrunnen
13 Grossmünsterbrunnen
14 Niklausbrunnen
15 Lindenhofbrunnen
16 Samsonbrunnen
17 Herkulesbrunnen (Anfang Rennweg)
18 Amazonenbrunnen (Ende Rennweg)
19 Brunnen Hallwylplatz
20 Linth-Escherhof-Brunnen
21 Zentralhofbrunnen (Bahnhofstrasse)
22 Nägelihofbrunnen

44
55
30
6
35
45
42
1
8
7
20
31
41
17
50
15
33
4
32
25
23
40
18
47
19
52
49
51
54
24
48
12
22
53
34
13
16
10
48
14
3
21
38
29
2
28
19
26
5
27
36
37
11
43
56
39
46

23 Napfplatzbrunnen
24 Spiegelgasse
25 Stüssibrunnen
26 Brunnen Stadelhofen
27 Brunnen Tessinerplatz (Bahnhof Enge)

Gewölbe

4 Sihlbrücke Schanzengraben (Doppelgewölbe)
5 Kiosk Kreuzplatz (Flüstergalerie/Flüsterkuppel)
6 Eisenbahnviadukte Seebach (Klangspiegel)
28 Echotunnel (Garageneinfahrt oberhalb Asylstrasse)
29 Kuppel der Kreuzkirche

Höraussichtspunkte

30 Terrasse Waidspital
31 Terrasse ETH
32 Terrasse Üetliberg
33 Lindenhof
34 Alter Botanischer Garten
35 Offene (noch unbebaute) Wiese Thurgauerstrasse
36 Weinegg

Klangorte im offenen Raum

37 Hafen Enge
38 Riviera (Limmatufer zwischen Bellevue und Wasserkirche)
39 Hafen Riesbach (Höhe Höschgasse)
40 Schipfe
41 Mühlesteg (Steg bei Globusprovisorium)
42 Wehr am Platzspitz (andere Wehre)
43 Allmend, Sihlbrücken, Wehr
44 Ampèresteg
45 Platz der Eisenbahnviadukte Seebach

Besonders ruhige Orte

46 Restaurant Fischstube Zürichhorn
(sanfte Wassergeräusche unter der Terrasse)
47 Niklausbrunnen, Neustadtgasse

Passagen, Klangraumsequenzen

48 Kirchgasse/Neustadtgasse
49 Limmatquai
50 Schipfe
51 Spiegelgasse/Leuengasse/Neumarkt
52 Strehlgasse

Schleusen

53 Durchgang Kunsthaus in Richtung Krautgartenstrasse

Unsichtbare Tore

54 Eingang Kirchgasse, Platz des ehemaligen Junkerntors

Echotunnel

55 Unterführung Bernerstrasse/Grünau
56 Unterführung Kanalstrasse/Allmendstrasse (Sihlcity)

TÜRLER UHREN

TÜRLER
PARADEPLATZ
TÜRLER UHREN
Tourist Service
Bahnhofquai
46
HUBLOT
GENEVE
MEISTER

Gruppen
Groups

Gleis 1+2 / 51-54
Post City
Gleis 21-24

Hauptbahnhof

Die grosse Halle des Hauptbahnhofs, seit dem letzten Umbau leer, bietet dem Besucher ein einmaliges Klangraumerlebnis. In ihren Dimensionen eigentlich ein überdachter Platz, übertrifft die Halle an Grösse alle öffentlichen Räume der Stadt. Hier hören wir eine ständig sich ändernde Symphonie aus Menschenstimmen. Deutlich und transparent in der Nähe, fein abgestuft in der Tiefenstaffelung und mächtig und doch leicht im Kuppelhall. Die hohen Wände mit grossen Glasfenstern im oberen Drittel, die freiliegenden filigranen Eisenträger und die leichten Querwölbungen der Dachkonstruktion antworten der grossen Bodenfläche in optimaler Weise. Besonders zu beachten sind die Steinbänder, die im Teerbelag des Bodens eingelassen sind und den Schritten ein unverwechselbares Klangprofil verleihen. Die eine Stirnseite der Halle ist gegen die Geleise hin offen, jedoch von einer von oben herabreichenden Glasfläche akustisch teilweise von diesen getrennt. Die Stimmen der Durchsagelautsprecher sind dadurch nicht mehr verständlich und nicht mehr ortbar. Diese Eigenschaften bewirken in den meisten Fällen eine unangenehme Diffusität. Hier in der Bahnhofshalle mischen sich die Lautsprecherstimmen jedoch zum ständigen Singsang eines Chores, der die Livestimmen der anwesenden Menschen wunderbar begleitet und die Atmosphäre des Bahnhofs in grossen Wellen überhöht. Zudem kann bei günstigen Bedingungen eine ruhige grosse Kreisbewegung aller Klänge festgestellt werden: ein unbekanntes Phänomen, das als Qualitätsmerkmal für grosse Räume gelten dürfte.

Kuppelhall

Abb. S. 52/53 _ Hauptbahnhof, Blick in Richtung Landesmuseum.

Abb. S. 54/55 _ Hauptbahnhof: Haupthalle, Blick in Richtung Geleise.

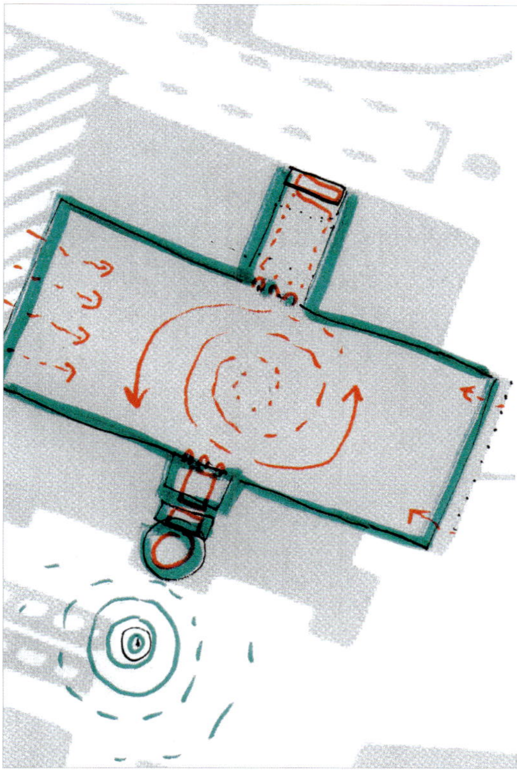

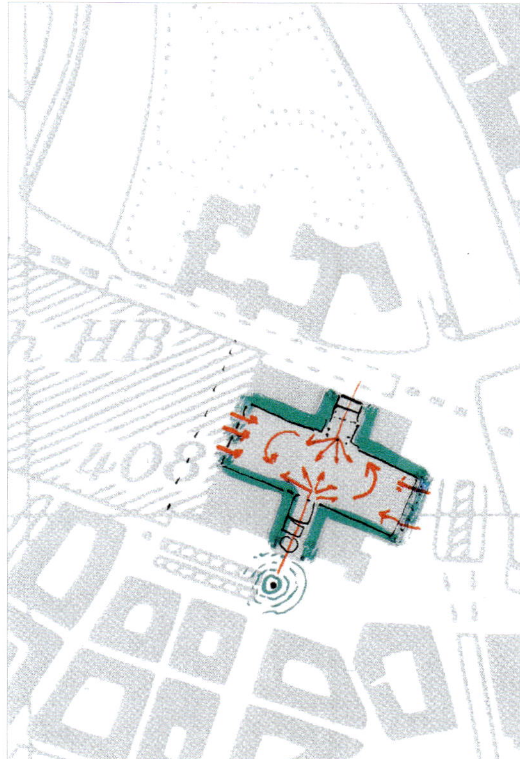

Hauptbahnhof: Klangchoreografie der Haupthalle.

Es ist eine aussergewöhnliche Situation: Lautsprecherstimmen, Livestimmen, Architektur, Innenraum und Aussenraum klingen selbstverständlich zusammen und erzeugen eine vielstimmige «Harmonie» oder «Koexistenz der Vielfalt», die in diesem aus dem 19. Jahrhundert ererbten Raum eine visionäre Klangzukunft aufscheinen lässt.

Die Sequenzen der Querhallen gestalten mit wechselnden Kubaturen, Querschnitten und Materialbeschaffenheit eine in der Stadt Zürich dramaturgisch nicht so schnell zu überbietende Klangraumfolge. Vom Landesmuseum her führt ein niedriger Eingang zunächst in eine hohe postmoderne, glasüberdachte Betonhalle. Wir hören hier die Klangraumqualität des späten 20. Jahrhunderts. Durch drei nebeneinander stehende originale offene Torbögen gelangen wir in die grosse Halle, die als eine hymnische Klangraummischung des 19., 20. und 21. Jahrhunderts aufgefasst werden kann. In der unmittelbaren Fortsetzung dieser Querachse gelangen wir durch drei verschiedene historizistische Tempelhallen mit Kassettendecken und Kuppel in das grosse Eingangstor zurück ins 19. Jahrhundert, um dann unvermittelt auf den Bahnhofplatz zu treten. Der dichte Vorhang des Verkehrsstroms verdeckt den Klang der Wasserkaskade des Escherbrunnens, und die neu erstellten Glaswände der Tramhaltestelle unterbrechen den Klangraum des ursprünglichen Repräsentationsplatzes vollständig. Obwohl dieser Glasquader die Lautstärkenspitzen der vorbeifahrenden Autos für die wartenden Tramgäste mildern mag, verstärkt er die tiefen Klänge der Tramzüge innerhalb und ausserhalb der Tramhaltestelle um ein Vielfaches. Der Glaskörper wirkt in mancher Hinsicht als ein Resonanzverstärker und blendender Hallspiegel und beschleunigt so den Lärmwirbel des gesamten Bahnhofplatzes.

Helmhausbrunnen

Abb. S. 60/61 _ Helmhaus: ein von Musikern sehr geschätzter Hallraum.

Abb. S. 62/63 _ Helmhaus: Arkaden.

Durch sieben offene Bogen können wir von drei Seiten her ins Innere eines der schönsten Klangräume der Stadt gelangen. Dieser Ort ist immer offen und den Klängen der Stadt unaufhörlich ausgesetzt – ein Klangwehr im Stadtklangstrom und mittendrin der Nachfolger eines ehemaligen Heilwasserbrunnens, der schon damals Wasser gespendet haben soll, als die Wasserkirche noch eine Insel in der Limmat bildete. Wenn wir also diesen, von Musikern wegen seiner besonderen Akustik geschätzten Raum betreten, dann tauchen wir in ein sehr vielschichtiges Klanguniversum ein. Wenn wir uns dann drehen oder ein paar Schritte im Kreis gehen, vermögen wir das raffinierte Zusammenspiel von Innenraum- und Aussenraumphänomenen besonders klar zu hören. Mit seinen unzähligen Hörperspektiven und fein wechselnden Klangszenarien kann das Helmhaus deshalb als «Klangobservatorium» aufgefasst werden. Einem Planetarium nicht unähnlich führt uns das Helmhaus dank seiner rhythmischen Gliederung der Decke und den inneren Säulen und Bögen den Klangraum der Stadt Zürich modellhaft vor: im Zentrum der Wasserklang, darum herum Schicht für Schicht städtische Klangschatten, die ihre eigenen Bahnen ziehen. Nachts hören wir Echos vom Lindenhof, manchmal sogar vom Bahnhof herüberwehen und hören aus dem Inneren des Gebäudes weit in die Stadt hinaus.

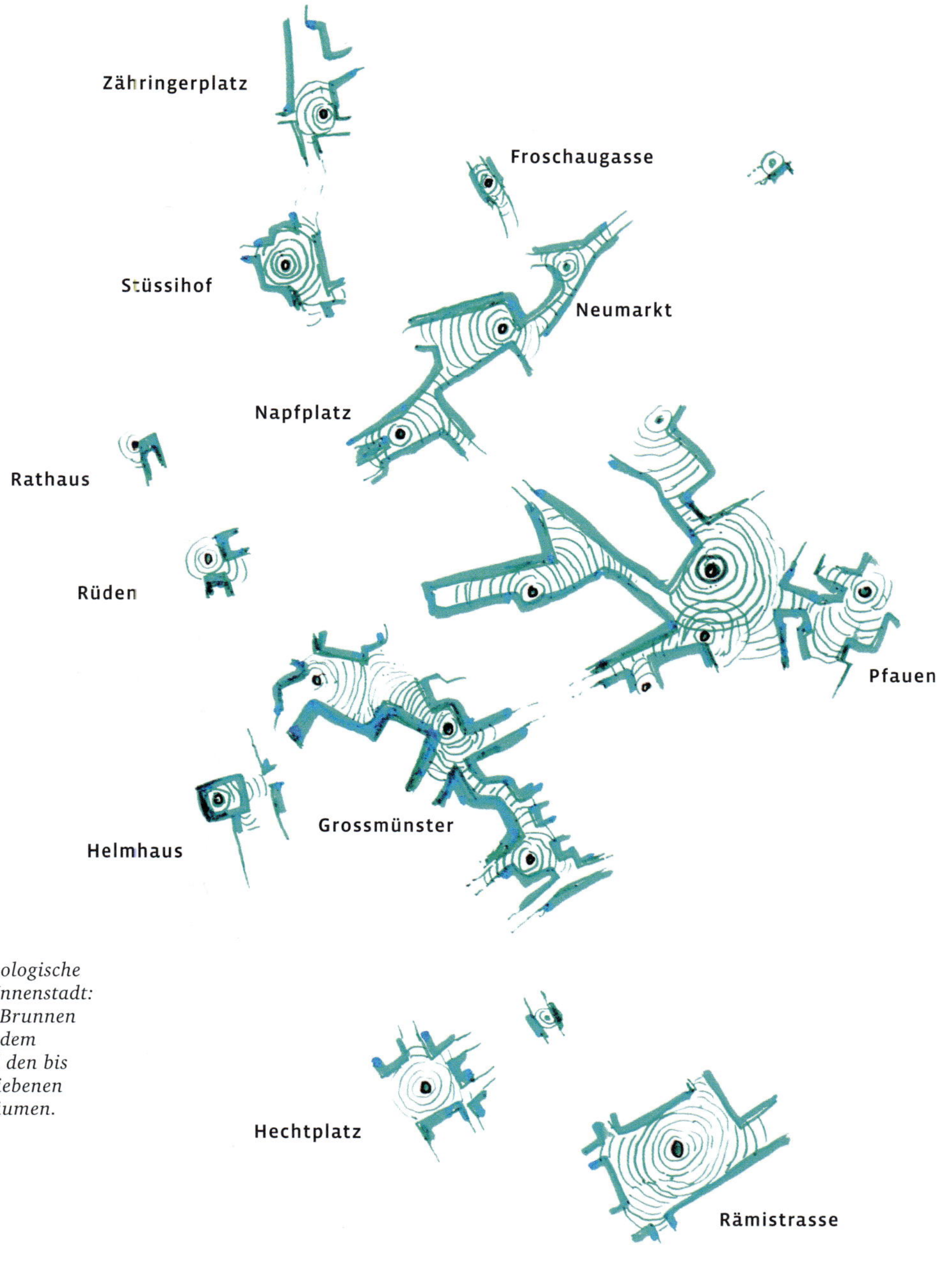

Klangarchäologische Skizze der Innenstadt: historische Brunnen mit fliessendem Wasser und den bis heute verbliebenen Resonanzräumen.

Quaibrücke

Durch modern gestaltete Baukörper gelangen wir vom Bellevue her unter die Quaibrücke in einen eigenartig verwinkelten niedrigen Fussgängerdurchgang, der uns, leicht unter der Wasseroberfläche der Limmat, in eine fremdartige Halle führt.

Parallele Eisenträger, nur wenige Handbreit über unseren Köpfen, geben der Halle eine Längsorientierung, während eine Folge mehrerer kurzer Betonpfeiler, die quer dazu verlaufen, eine verdeckte Tiefenstaffelung erzeugen. Dadurch ergibt sich eine kaleidofonische Vielfalt von Hall- und Reflexionssymmetrien. Gesteigert wird diese einmalige Klangwelt durch eine überraschende Dramaturgie: leise feine Wassergeräusche im Vordergrund, Wasservögel- und Möwengeschrei, Taubenflattern im nahen Raum und mächtige, erdbebenartige Klangwellen, die Tieftonklänge und Bodenvibrationen auslösen und die Brücke zum Klingen bringen können. Im ersten Moment ist nicht ganz klar, wie diese Tieftonwellen zustande kommen, denn die Trambahnen, die diese Vibrationen der Brücke auslösen, sind weder zu sehen noch zu orten. Ebenfalls unsichtbar sind die Autos, welche die Brücke dauernd befahren, ihre Präsenz hören wir durch ein ständig sich wiederholendes Klacken der Brückenschwellen. Die Klänge vom See werden über die Wasserfläche in den Klangraum hereingespiegelt. Von der entgegengesetzten Seite hören wir die Altstadt. Das Glockengeläut von Fraumünster, St. Peter und Grossmünster kann als Direktschall gehört werden, wird aber ebenfalls zusätzlich von der Wasserfläche der Limmat verstärkt und vom Hallraum der Brücke geformt.

Abb. S. 66/67 _ Uferpromenade bei der Quaibrücke.

Abb. S. 68/69 _ Unter der Quaibrücke.

Hallraum

Quaibrücke: Körperresonanzzone (rot), Reflexionsbereiche des Brückenkopfs (blau).

Der Rhythmus der Erdbebenklangwellen wird durch Überlagerungen der jeweiligen Fahrgeräusche der Trams bestimmt, ist jedoch im Detail immer auch mit der Verkehrsdichte des Bellevues gekoppelt.

Der Klangraum unter der Quaibrücke bildet somit ein hörbares aktuelles Seismogramm des Stadtlebens und kann, genauso wie der offene Wasserklangraum des Helmhauses, als Klangobservatorium aufgefasst werden.

Kreuzplatz

Eines der bekanntesten und beliebtesten Beispiele eines Klangraumes bildet der Typus der Flüstergalerie, auch Flüsterkuppel genannt. Die Kuppel des Petersdoms in Rom und diejenige der St. Paul's Cathedral in London sind wohl die berühmtesten Beispiele. Auch Zürich hat eine solche Flüsterkuppel, sie ist nicht ganz so gross, funktioniert aber nach demselben Prinzip wie ihre berühmten Vorbilder. In London kann man entlang des Kuppelrandes der St. Paul's Cathedral alle Stimmen gleich deutlich hören, egal ob der Flüsterer unmittelbar neben einem oder gegenüber in 70 Meter Entfernung steht.

Die kleine Kuppel des Kiosks mitten auf dem Kreuzplatz ist zu klein für diesen Effekt. Was man aber hier im Gegensatz zu Rom oder London hören kann, ist das akustische Spiegelzentrum im Fokus der Kuppel. Steht man genau in der Mitte des kleinen Säulentempels, hört man seine eigene Stimme von allen Seiten gleichzeitig auf sich zukommen. Sie hören hier also, wie Ihre Stimme von aussen klingt, das heisst, sie klingt in Ihren Ohren so, wie andere Menschen Ihre Stimme wahrnehmen. Damit hört man hier auch modellhaft, dass runde Kuppeln, Gewölbe oder Torbögen akustisch gesehen den Klang ganz eigenartig zurückspiegeln und den Hörraum an gewissen Stellen auf einen Punkt zu reduzieren scheinen: eine Raumwirkung, die für das Auge überhaupt nicht nachvollziehbar ist und nur mit dem Ohr entdeckt werden kann.

Echokuppel

Echokuppeln bergen ein nicht zu unterschätzendes Potenzial. Sie geben uns einen Hinweis darauf, wie wir akustische aktive Formen erzeugen können, die den Schall richten

Flüsterkuppel Kiosk Kreuzplatz: Genau im Zentrum der Kuppel treffen sich die Echolinien eines Sprechers auf Ohrhöhe. Hier kann man seine eigene Stimme wie von aussen hören, sie klingt so für andere Ohren.

oder ihn streuen. Torbögen, Hofeingänge, Tiefgaragenzufahrten haben oft versteckte akustische Linsenwirkungen, die sich irgendwo in der nahen Umgebung bemerkbar machen. In barocken Parkanlagen wurden kleine Pavillons paarweise mit Flüsterspiegeln ausgestattet, sodass die beiden Orte akustisch miteinander verbunden waren.

PETER
PUBER!

Sihlbrücke

Ganz unscheinbar und wahrscheinlich völlig unbemerkt entpuppt sich eine der vielen Stadtbrücken als herausragendes Testgelände der Raumakustik. Beim Hallenbad City gelangt man über ein paar Stufen hinunter zum Fussweg, der entlang des Schanzengrabens in einer eigenen Klangwelt der alten Grenze der Altstadt vom Hauptbahnhof zum Bürkliplatz führt. Auf der Höhe der Sihlporte unterqueren wir die Sihlstrasse und befinden uns dabei in einem leicht schräg zum Wasserlauf gedrehten Gewölbetunnel.

Eine kleine Wasserschwelle erhellt mit ihrem steten Klang den etwas gedrungen wirkenden Ort. Dadurch wird der Gewölbetunnel akustisch zusätzlich vom Stadtklang isoliert. Bei genauem Hinsehen erkennt man, dass das Gewölbe aus zwei gleich grossen, nahtlos aneinandergefügten Teilen besteht. Der eine Teil ist aus gemauertem Steinwerk, der andere aus Beton. Hier können Sie genau testen, wie die beiden Baumaterialien den Schall reflektieren und wie ihre Resonanzen klingen. Im unmittelbaren Vergleich reagiert diese akustische Testanlage auf alle Ihre Experimente und erklärt Ihnen den Unterschied zwischen Steinmauer- und Betonreflexionen, bei identischer Form und Grösse. Sie brauchen nur ein paar Schritte hin- und herzugehen, dann können Sie den Unterschied der Reflexionshärte, der Nachhalleffekte und der Gesamtlautstärke genau erkunden.

Abb. S. 74/75 _ Brückengewölbe der Sihlstrasse über dem Schanzengraben: Das Brückengewölbe besteht zur einen Hälfte aus Mauerwerk und zur andern Hälfte aus Beton. Hier kann man im unmittelbaren Vergleich hören, wie Stein und Beton klingen.

Abb. S. 76/77 _ Alter Stadtbrunnen in der Leuengasse.

Wie ich einmal bei einem Besuch selber feststellen konnte, eignet sich dieser Raum auch hervorragend zum Austragen von Ehestreitigkeiten, fand ich hier doch ein südländisch sprechendes Paar vor, das sich in aller Abgeschiedenheit lautstark anschrie.

Abb. S. 78/79 _ Eisenbahnviadukte in Seebach: Die Viadukte formen im Niemandsland einen grossen Platz mit mächtigen Säulenreihen und unwirklichen Echohallen. Der Platz scheint verlassen, obwohl hier dauernd voll besetzte Züge vorbeifahren.

Seebach: Platz der Eisenbahnviadukte

Obwohl er täglich von vielen Tausend Menschen befahren wird, wissen dennoch nur wenige von diesem einmaligen, theatralischen Platz am äussersten Nordende der Stadt Zürich.

Auf einem schmalen Fussweg zwischen Familiengärten und einer kleinen Fussballspielwiese gelangt man von der Endstation Seebach entlang des Katzenbaches unvermittelt zu einer Reihe doppelter Betonpfeiler. Der kahle Boden zwischen den Pfeilern, die parallel stehenden Stützwände an beiden Enden der Säulenreihen und schliesslich die glatte Betondecke bilden einen eigenartigen Hallraum, den man hier nicht vermuten würde. Zwischen den Säulen sieht man auf eine dreieckige Wiese, die mit einer kleinen roten Fussgängerbrücke und drei parallel verlaufenden Bachläufen sowie einer von Grün Stadt Zürich künstlich errichteten Brutwand aus Lehm mit Fluglöchern als Nisthilfen für Eisvögel der unwirklichen Umgebung eine eigene Realität abzutrotzen versucht. Zwei weitere Eisenbahnviadukte führen vom Endpunkt der ersten Säulenreihe in grossen Kurven auf verschiedenen Höhen über die kleine Wiese hinweg. Der perspektivisch überzeichneten Spitze des Platzes steht eine etwas erhöhte bühnenartige Szenerie mit mehreren strammstehenden, dauernd vor sich hinsummenden Transformatoren gegenüber: am Boden ein Biotop aus Sumpfgräsern und Hochstauden, auf Kopfhöhe ein Transformatorenfeld und zu beiden Seiten – sehr dynamisch geführt – drei aufeinander zulaufende Eisenbahntrassees, auf denen ununterbrochen S-Bahn-, Intercity- und nicht enden wollende Güterzüge auf einen Punkt im Westen hin zuschiessen. Ihre Echos wölben sich als donnernde Regenbogen über den Himmel. Startende und landende Flugzeuge vom nicht allzu weit entfernten Flughafen scheinen den Donnerbögen zu antworten.

Donnerbögen

Nicht alle Züge fahren einfach so vorbei. Einige verlangsamen ihre Fahrt und bleiben schliesslich knirschend stehen. Dann scheint das Tosen plötzlich zu erstarren, und der Platz hält seinen Atem an. Zwischen den zahllosen, sich rhythmisch überlagernden Säulenreihen hängt plötzlich nur das leise Summen elektrostatischer Entladungen, das sich mit feinem Wasserplätschern, Wildentengeschnatter und dem seltenen Ruf der Geburtshelferkröte mischt. Einem Gletscherabbruch gleich steht hier der urbane Klang am Rande der Stadt.

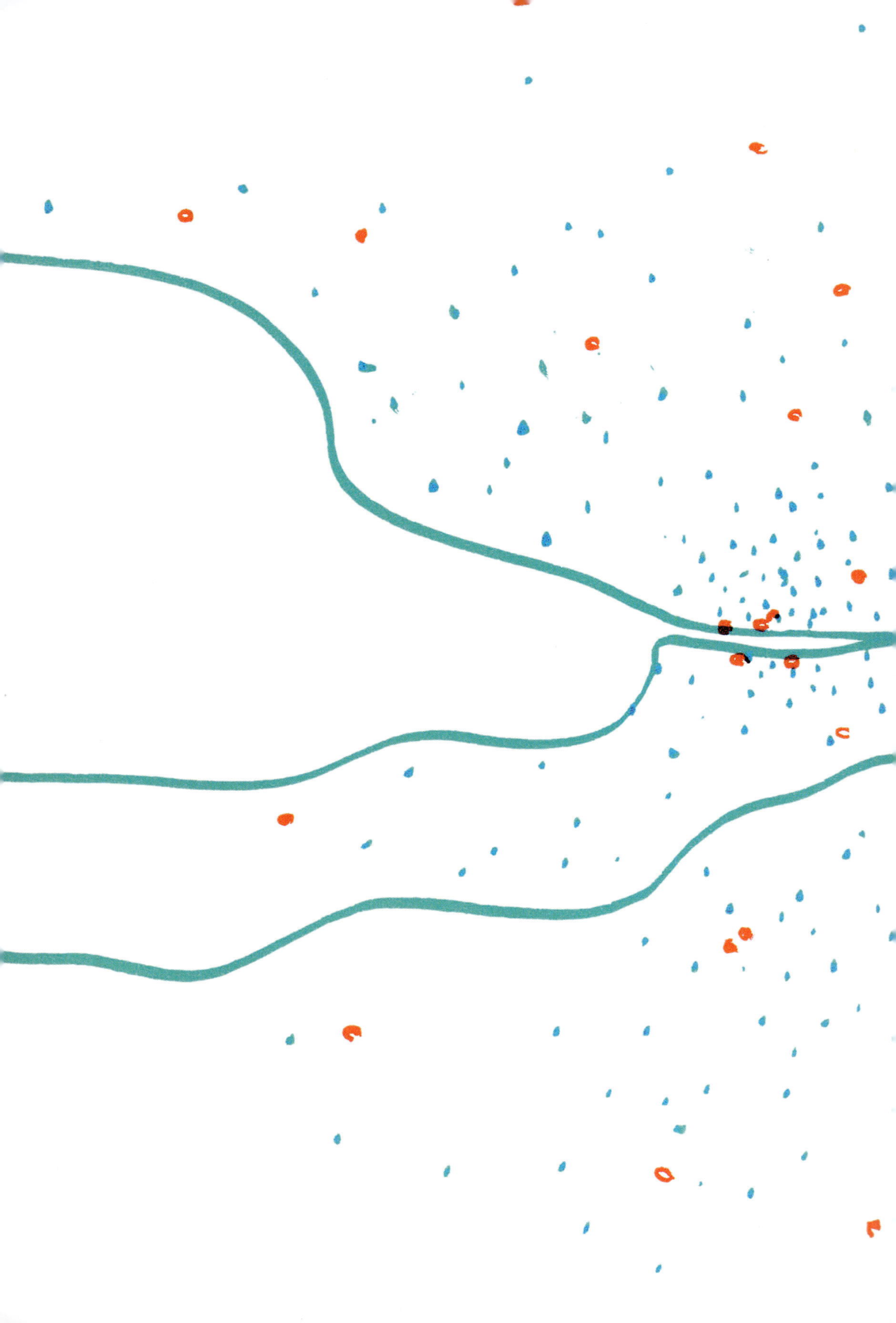

Orientieren und Deuten

Einfache Bestimmung der Klangqualität

Hörqualität

Die Hörqualität eines Raumes kann während eines Hörspaziergangs mit der Beantwortung folgender einfacher Fragen bestimmt werden:

Höre ich menschliche Stimmen?
Kann ich mich gut verständigen?
Muss ich laut sprechen?
Höre ich meine Schritte?
Höre ich Wind? Tiere?
Höre ich das Rascheln meiner Kleider?
Fühle ich mich eingeengt, ausbalanciert oder frei?
Kann ich das, was ich sehe, hören?
Kann ich einzelne Klänge auf ihrem Weg identifizieren und im Raum verfolgen?

Klangqualität

Vergleicht man die bisher erhobenen Beobachtungen von verschiedenen Orten, kann man bereits die wichtigsten Klangqualitäten erkennen, und zwar aus der Perspektive des menschlichen Ohres, das sich ständig am Klangfluss der Stadt orientiert. Dabei wird jeder mit seinen eigenen persönlichen Vorlieben konfrontiert:

- Klänge, die mich etwas angehen: Stimmen, die mich rufen, mit denen ich kommuniziere (Personen die ich kenne, die mich ansprechen, Durchsagen), Signale, die ich erkennen muss oder will (Hupen, Klingeln);

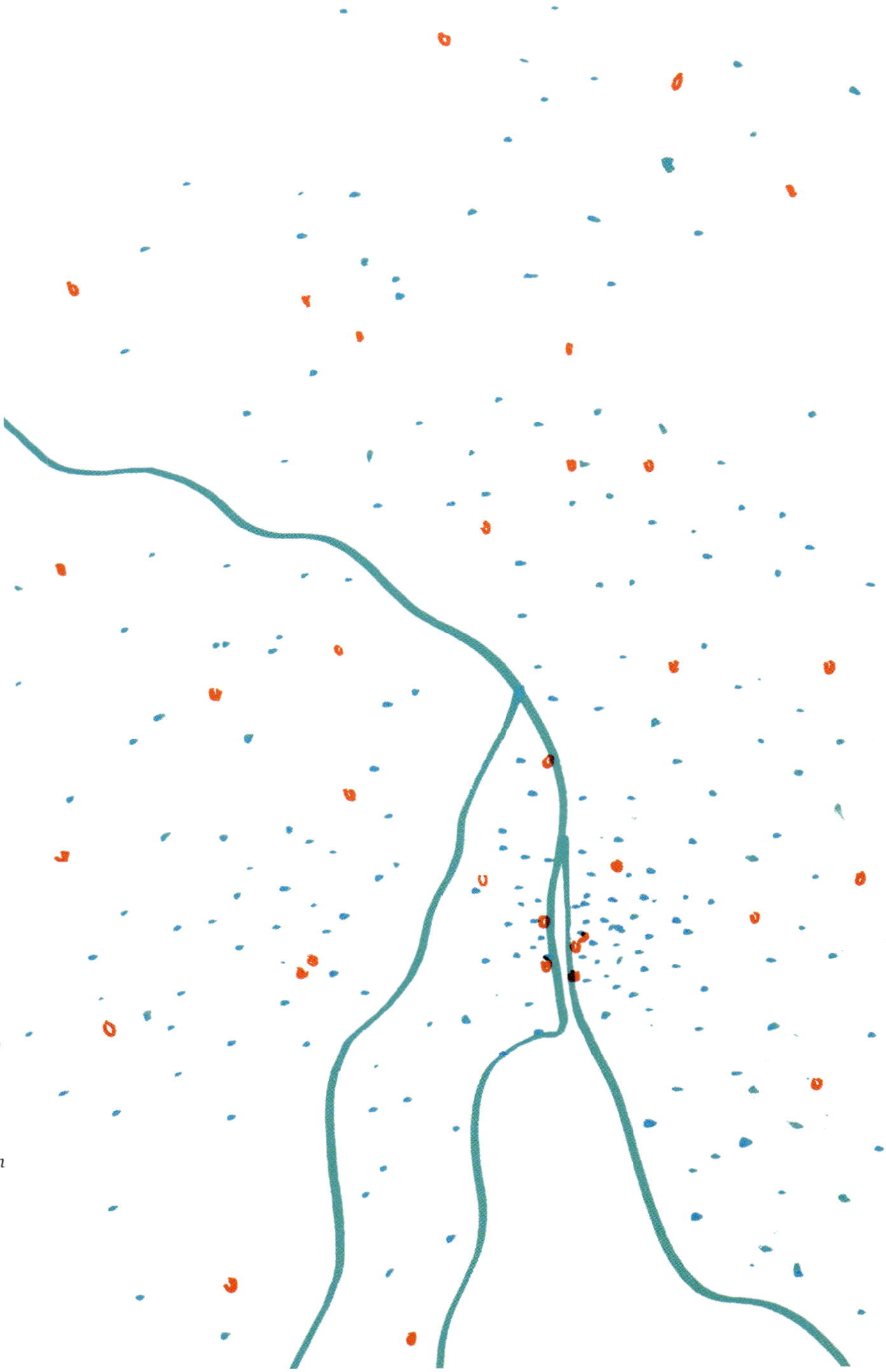

Kartenskizze aller statischen Klangquellen der Stadt: Die fliessenden Brunnen (blau) und die Kirchtürme (rot) klingen regelmässig und verlässlich. Alle andern städtischen Klangquellen bewegen sich und tauchen spontan auf.

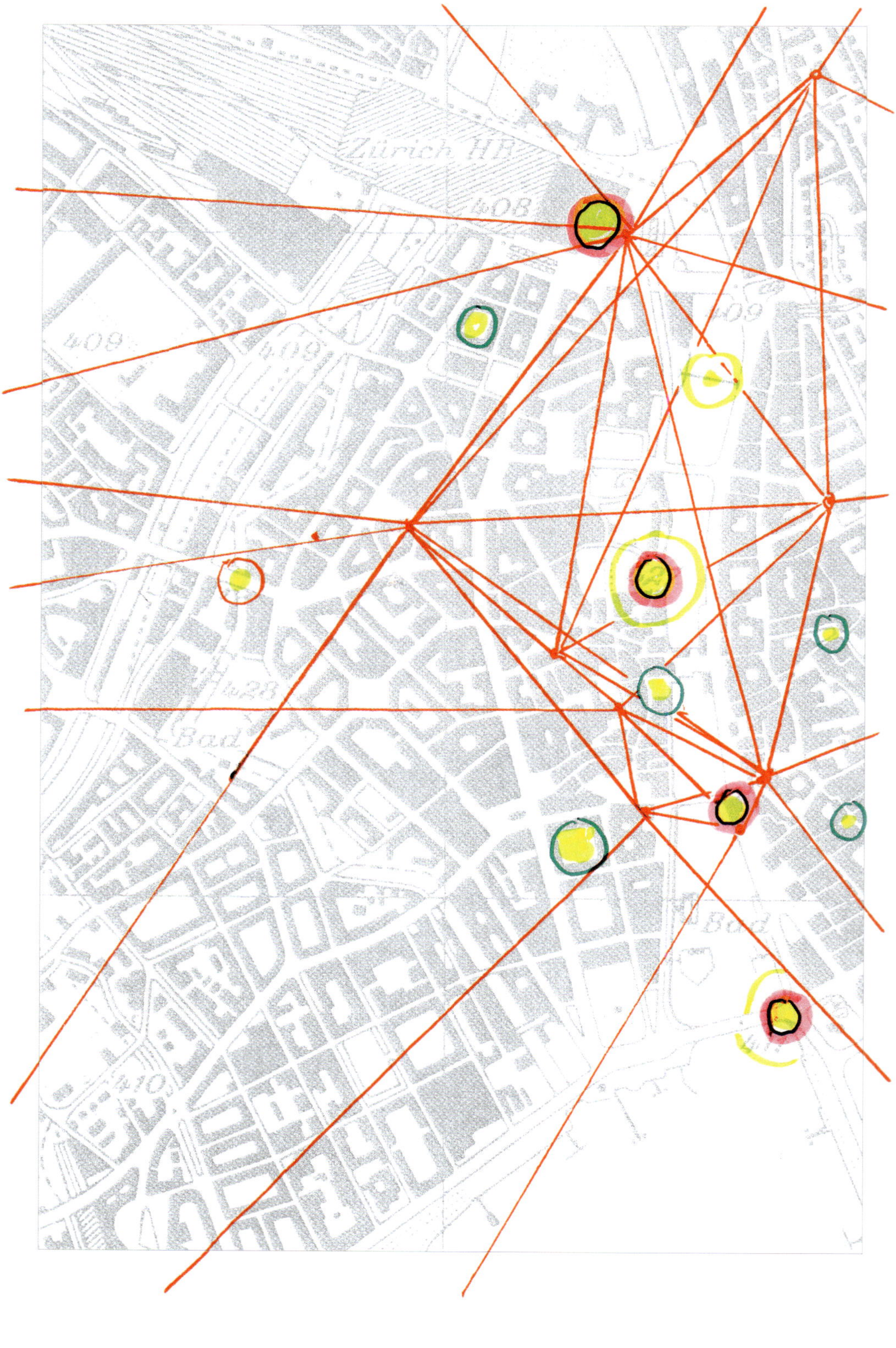
Zürich HB
408
409
409
409
428
Bad
Bad
410

- Klanggleichgewichte, die ich mag, die mich beruhigen, die ich aufsuche;
- Klangatmosphären, in denen ich mich aufhalten mag;
- Klänge, die ich nicht hören will und die mich stören;
- Klangräume, die ich durchqueren muss und nicht mag;
- Klangräume, die ich vermeide und die mir schaden.

Klangorientierungssysteme

Will man den Klangraum der gesamten Stadt kennenlernen, bietet die heutige Stadt folgende Orientierungsmöglichkeiten:

1. Brunnen

Fixe kontinuierliche Klangquellen. Besonders geeignet zur Erkundung von Nahräumen und zusammenhängenden Klanglabyrinthen. Brunnen können auch als Tore zur Klangwelt der Vergangenheit verstanden werden.

2. Glockentürme

Fixe getaktete Klangquellen. Besonders gut geeignet zur Erforschung von Resonanzräumen und deren akustischen Verbindungen im Nahbereich der jeweiligen Kirche, Hallphänomene im mittleren Distanzbereich, Klangnetz zur Klangtriangulation des gesamten Stadtraums, Fernbereich (Höraussichtspunkte).

Klangtriangulation: Glockentürme und ihre direkten Verbindungen geben Hinweise darauf, an welchem Ort Glockenschläge hörbar sind, aus welcher Richtung und mit welcher Intensität sie gehört werden können.

3. Sirenen

Hörorientierung für Fortgeschrittene. Die Klangfahnen der schnell bewegten Klangquellen scheinen zunächst ohne jegliche Anhaltspunkte. Wilde Reflexionen verunmöglichen praktisch eine Ortung. Die expressiven Klanglinien sind jedoch besonders geeignet zur Erforschung der Klangraumtiefe und der Zusammenhänge der einzelnen Strassenräume als kommunizierende Gefässe.

4. Blitz und Donner, Helikopter und Flugzeuge Synchronpunkte für den ganzen Stadtbereich. (Ein Sportflugzeug wird an allen Punkten in der Stadt praktisch zur selben Zeit und gleich laut gehört). Besonders geeignet zum Verständnis der vertikalen Klangschichten, ebenso zur Erforschung

Stadtarena

von Echos und Resonanzen der gesamten Stadtarena zwischen Uetliberg und Zürichberg. Besonders sei auf Gewitter hingewiesen. Der etwa halbstündige Verlauf eines Sommergewitters durchkreuzt den gesamten Stadtklangraum in all seinen Dimensionen. Zuerst überfluten die heftigen Regengüsse mit ihrem Zischen und Tosen alle Klangräume vollständig, um sie dann Stufe um Stufe, frisch gewaschen, wieder freizugeben. Besonders eindrücklich sind die Regentropfen, die allmählich feiner und seltener werden und so die Echos der rasch davonziehenden Donnerwellen kontrapunktieren. Diese Dramaturgie öffnet den Hörraum so eindrücklich, dass die Stadtsymphonie wieder ganz neu zu beginnen scheint.

Der Klangcode der Stadt Zürich

Jeder städtische Raum weist eigene unverwechselbare Eigenschaften auf, die seine klangliche Präsenz bestimmen. Wir können auf einem Platz genau feststellen, wie die Klänge von aussen in den Hörraum des Platzes gelangen, wie sie den Raum füllen und wie sie dann allmählich wieder ausklingen. Die Klangartikulation ist abhängig von der Stellung der Fassaden eines Platzes. Die Form der Raumöffnung der Strassen, die Art der Hauskanten, ihre Materialität und ihre Reliefs artikulieren den eintretenden Klang. Wir können also feststellen, wie hart oder wie weich die eindringenden Klänge aus ihrem Kontinuum herausgeschnitten werden. Die «Zahnstellung» der Strassenöffnung ist vergleichbar mit der Mundstellung bei der Artikulation menschlichen Sprechens. Die verschiedenen Klangquellen der Stadt entsprechen den rauen Lauten unserer Stimmbänder, die Strassenzüge und Plätze unserer Mundhöhle. Mit diesem Vergleich können wir verstehen, wie die Stadt zu uns spricht.

Abbildung A zeigt schematische Schnitte der Sprechmaschine von Martin Riches für die Artikulation von fünf ausgewählten Vokalen. Wir erkennen detailliert die für ein hörbares Sprechen mechanisch notwendigen Stellungen von Zähnen, Gaumen und Lippen. Diese Sprechmaschine kann mechanisch verständliche Sprache wiedergeben. Die reduzierten Schnitte der menschlichen Mundhöhle ermöglichen zunächst visuell eine Analogie zu den Positionen von Fassaden und Zufahrtsstrassen eines Platzes. Wir können uns umgekehrt in die Lage eines Platzes versetzen und versuchen, dessen

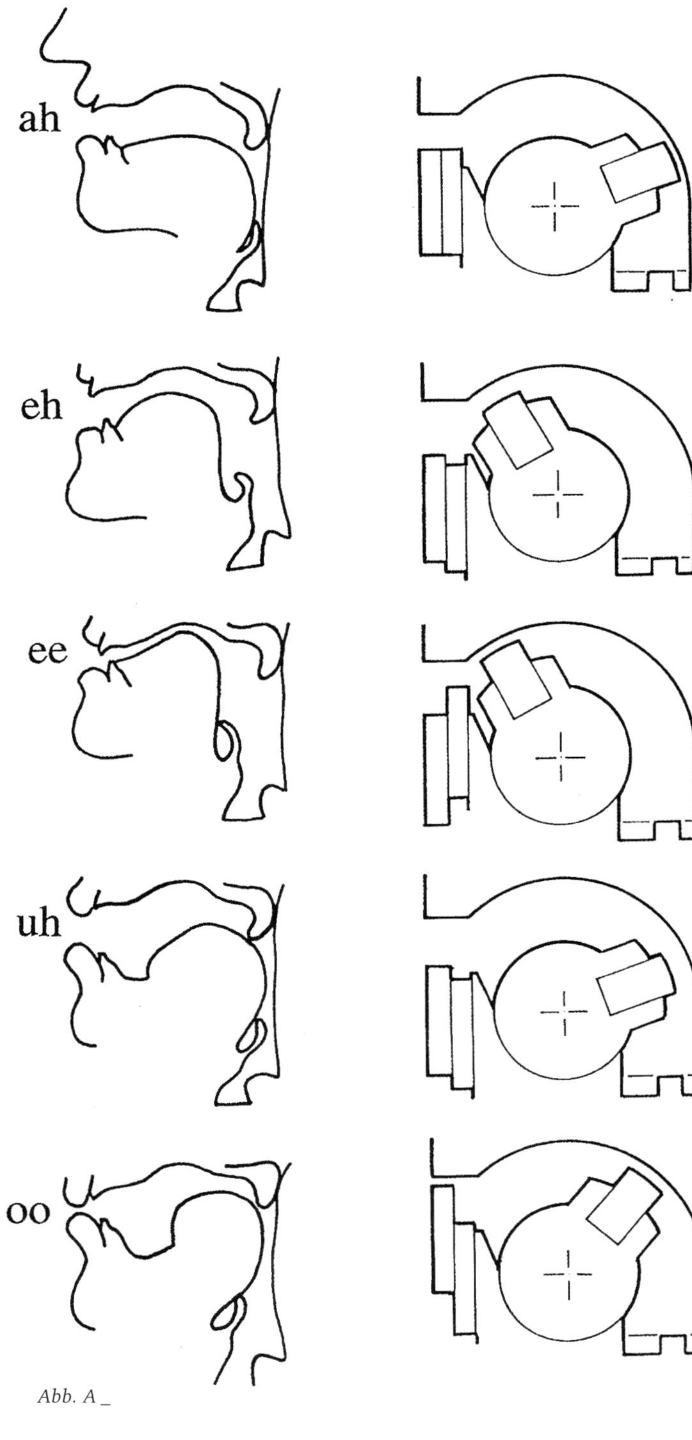

Abb. A _

Abb. A _
Fünf Vokale und die entsprechende Artikulation der Mundhöhle, mit Lippen, Zunge, Zahnstellung und Kehlkopf, dazu die entsprechenden Positionen des von Martin Riches gebauten Sprechapparates. Die Sprechmaschinen können als Modelle für die Artikulation von Gebäuden gelesen werden. Jeder Platz bildet zusammen mit den angrenzenden Fassaden eine Mundhöhle. Die zuführenden Strassen und die Stellung der Fassaden bilden einen festen «Vokal», der vom Resonanzraum des Platzes gebildet wird.

(Quelle: *Martin Riches,* Die Maschinen, *Ausstellungskatalog, Kunsthallen Brandts Klaederfabrik: Odense 2004, S.17)*

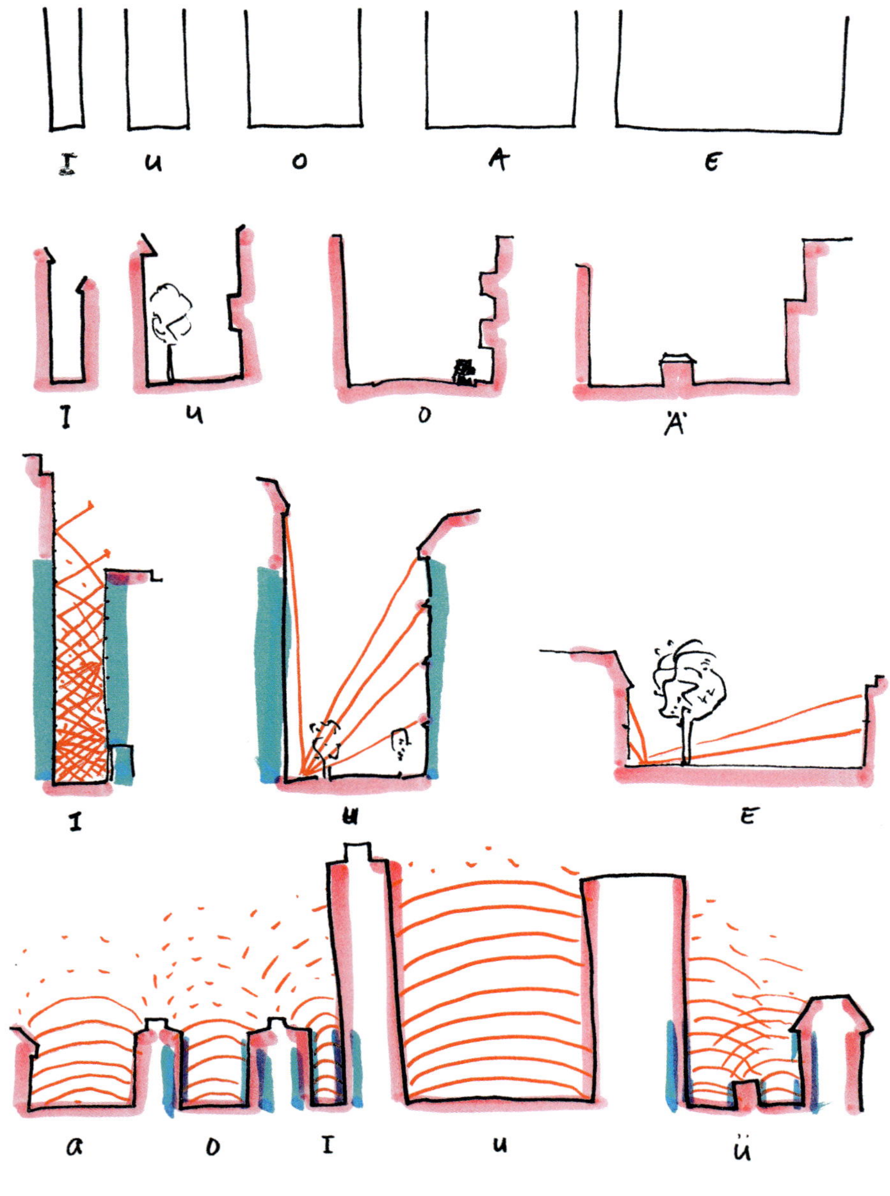

Abb. B _

«Mundstellung» nachzuahmen und «seinen» Laut nachzusprechen. Der Versuch, die Fassadenstellungen eines Platzes nachzusprechen, macht nicht nur experimentellen Sängern Spass, sondern ermöglicht jedem Menschen, eine seiner angeborenen Fähigkeiten auf überraschende Weise anzuwenden. Unsere Differenzierungen bei der akustischen Lautbildung sind von atemberaubender Raffinesse und höchster Komplexität. Emotionen, Gespür und direkteste Individualität äussern wir ständig über die eigene gesprochene Sprache. Die *Abbildung B* zeigt eine Partitur mit Zuordnungen von Vokalen für die Strassenquerschnitte: «I» entspricht der Artikulation einer Gasse mit schmalem Querschnitt. Mit dem Vokal «U» werden die etwas breiteren Querschnitte verknüpft. Ein quadratischer Querschnitt wird mit «O», ein etwas breiterer Querschnitt mit «A» und schliesslich werden die weiten Strassenöffnungen mit «E» angesprochen. Diese spielerische, völlig freie Zuordnung öffnet einen persönlichen klanglichen und artikulatorischen Zugang zu den akustischen Eigenschaften der Strassenräume. Bereits nach wenigen Versuchen beginnt man die akustischen Verhältnisse zu unterscheiden. *Abbildung C* zeigt einen Querschnitt durch die Stadt Zürich als «Vocalcode». Es ist erstaunlich, wie die Verdichtung der Stadt sich akustisch erfassen lässt:

«E UUU EII EIIIIIIIUUAUAOUU A E E E E»

Abb. B _ Schematische Darstellung von Strassenquerschnitten mit verschiedenen Resonanz- und Reflexionseigenschaften: Vorschlag einer Zuordnung von Vokalen «I», «U», «O», «A», «E» für Strassenquerschnitte mit zunehmender Weite.

In den Partiturskizzen finden Sie noch einen weiteren Klangcode. Die Plansicht der Strassenkreuzungen erlaubt es, verschiedenen elementaren Artikulationsstellungen Laute zuzuordnen. Ich schlage folgende Konsonanten vor: «K» für eine Kreuzung mit vier Strassen, «G» für eine Kreuzung mit vier Strassen und einer freien Ecke, «P» für eine Kreuzung mit drei rechtwinkligen Strassen, «T» für eine Kreuzung mit drei Strassen und offener Längsfront, «V» für eine Strassengabelung mit spitzem Winkel, «CH» und «SCH» für Kreuzungen und Plätze mit mehr als vier Zufahrtsstrassen. Die *Abbildung E* zeigt eine

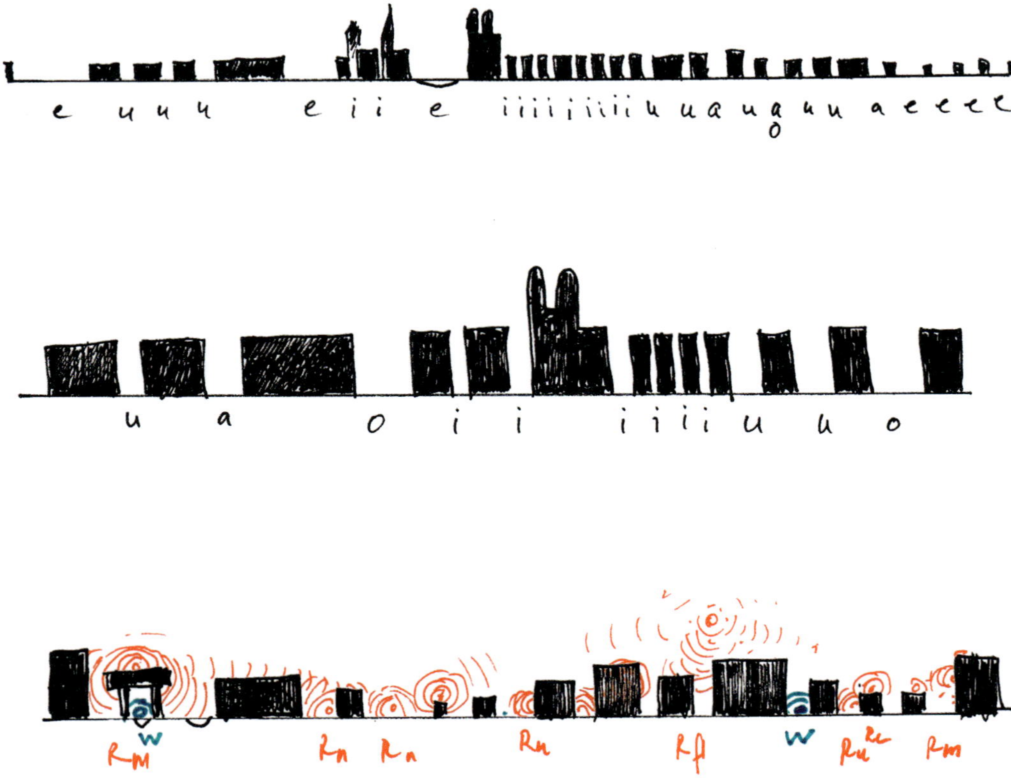

Abb. C _

Anwendung dieses Konsonantencodes auf einen Planausschnitt von Zürich in der Umgebung vom Hauptbahnhof.

Beginnt man die beiden Codes zu kombinieren, so ergeben sich Worte wie «TAG» (am Anfang der Bahnhofstrasse) oder «GUT» (beim Limmatplatz) oder gar «SCHITT» (beim Löwenplatz). Damit ist das Silbenlesespiel eröffnet, und die Artikulation der Stadt Zürich beginnt für den Klangspieler immer beredter zu werden (siehe Abbildungen H, I und K).

Die *Abbildungen D und E* zeigen typische «Zahnstellungen» aller Kreuzungen um den Limmatplatz. Hier wählte ich einen visuellen Code: Ein kleiner Kreis stanzt die Kreuzung des Platzes heraus und macht dadurch die akustisch relevanten Details der Artikulation besonders gut sichtbar.

Abb. C _
Drei Schnitte durch die Innenstadt mit den zugeordneten Vokalen für die Artikulation der Zwischenräume zwischen den Gebäuden. Typische Klangraumzonen sind deutlich erkennbar: e-e-e-e-e (Aussenquartiere), e-i-i-e-e-e (Industriezonen), i-i-i-i-u-i (Innenstadt), u-a-a-a-a-u-o-a (Quartiere aus dem 19. Jahrhundert). Im dritten Beispiel werden vertikale Klangzonen skizziert.

Die Präsenz der Klänge

Zum Klangcode der Stadt gehört neben den Artikulationen der Strassenzüge und Plätze die Resonanz des Platzes. Man könnte auch von der Qualität der Präsenz des Klangs sprechen.

Die Präsenz der Klänge erleben wir, wenn wir im Raum miteinander sprechen. Die Präsenz der Klänge eines Ortes hören wir oft als klingende Summe, als Resonanzklang. Ist ein Platz nur durch mehrere enge Gassen erreichbar, klingt der Platz so, wie wir das vielleicht von einem Hinterhof her kennen. Zwei gegenüberliegende grosse Strassenöffnungen verwischen den Klangraum des Platzes und geben ihm den Charakter eines Durchgangs, einer Klangschleuse. Je nachdem wirkt diese Schleuse als Klangverstärker für einen anschliessenden Platz (Pfauen). Die Materialität der Fassaden spielt für den Resonanzklang eine ganz entscheidende Rolle. Hier eine qualitative Skala für abnehmende Härte der Klangreflexionen: Glas, Stahl, Beton, Stein, Holz, Textilien, warme Abluft.

Heute finden wir im urbanen Raum fast immer eine Kombination vieler verschiedener Materialien mit unterschiedlichen akustischen Eigenschaften. Ganz besonders macht sich die Klangqualität eines Platzes beim Nachhallen aller Klänge bemerkbar: Beim Ausklingen spricht der Ort direkt zu uns. Die Atmosphäre eines Ortes, seine «Stimmung» teilt sich für uns in der Qualität des Ausklingens mit.

Im Ausklingen hören wir in die Tiefe des Raumes, wir hören sein Gleichgewicht, seine innere Ruhe. Die Qualität der Klangraumtiefe können wir in den Zwischenräumen möglicher Klangereignisse feststellen. Tagsüber sind das oft nur sehr kurze Pausen, nachts dehnen sich diese Pausen aus. Dann erkennen wir die feinen Unterschiede besser und lernen zu verstehen, wie die einzelnen Orte der Stadt akustisch untereinander verbunden sind. Die Atmosphären der einzelnen Orte hängen auf feinste Art und Weise zusammen. Ihre Wechsel können wir

Abb. D _

Abb. E _

besonders gut bei nächtlichen Klangspaziergängen wahrnehmen: Die Stadt beginnt zu klingen.

Die klingende Gestalt des Raumes

Abb. D _ Limmatplatz: Markiert sind alle Einfahrtsstrassen. Daraus lassen sich die Artikulationstypen ablesen.

Abb. E _ Limmatplatz und Umgebung: Die Übersicht zeigt alle Artikulationstypen der Kreuzungen.

Gehen wir durch die Stadt, nehmen wir die räumlichen Verläufe und die damit verbundenen akustischen Wechsel teilweise sehr abrupt, teilweise sehr langsam wahr. Sobald wir uns mehr mit diesen Raumwechseln befassen, können wir uns eine klangarchitektonische Typologie erarbeiten. Analog zu den sichtbaren Architekturen entdecken wir unsichtbare Klangschleusen, Klangkuppeln, klingende Spiegelfluchten, Klanglinsen oder Klangtore. Wir entdecken auch, wie Säulenreihen den Klang streuen und reflektieren, wie Fassadenreliefs zusammen mit den Dachkanten und den Bodenbelägen die Klangräume akzentuieren, untereinander verbinden oder trennen. Ganz besonders sei hier auf einzelne Bäume oder frei stehende

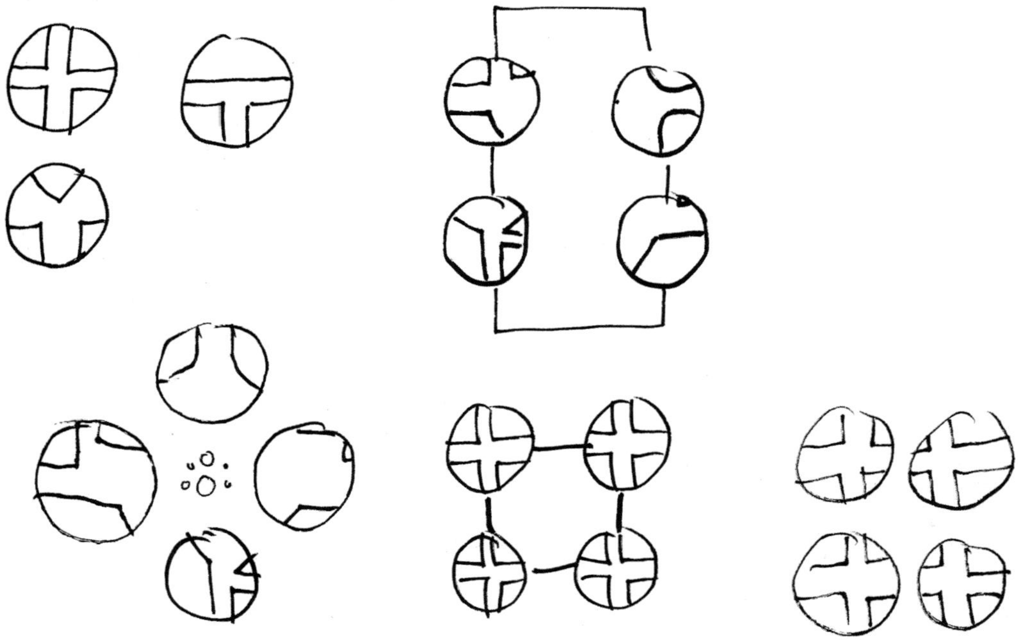

Abb. F _

Säulen hingewiesen, die den akustischen Fluss eines Platz oder eines offenen Raumes regelrecht stimmen können (Limmatplatz). Die Dramaturgie der Klangraumfolge von mehreren Orten und Plätzen, verbunden durch mehr oder weniger klare Resonanzrohre der Strassen, ergibt ein Raumgitter, das sich über die ganze Stadt zieht. Wenn wir uns an einem Ort länger aufhalten, können wir die Choreografie der lokalen Klänge erkennen und sie in Beziehung zur Architektur der Gebäude und ihrer Zwischenräume setzen. Wir beginnen, gekonnt räumlich zu hören. Jeder städtische Raum entpuppt sich als Arena, die entweder an eine nächste Arena grenzt oder sogar Teil einer grösseren Arena ist, die wiederum in einer noch grösseren Arena steckt, bis wir die sanfte Schale des unteren Seebeckens als schwingenden Klangraum hören können.

Abb. F _
Erste Analyse der Artikulationstypen um den Limmatplatz.

Abb. G _

Abb. G _
Visuelle Umsetzung der Kreuzungstypen.

Abb. H _
Artikulationspartitur der Umgebung oberer Schanzengraben.

Legende zu Abb. H,
Kreuzungstyp «T»
Kreuzungstyp «P»
Kreuzungstyp «V»
Kreuzungstyp «G»
Kreuzungstyp «K»

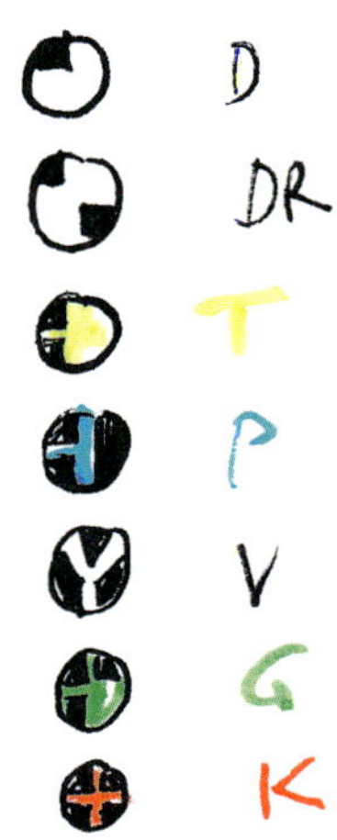

Legende zu Abb.H _

Abb. H _

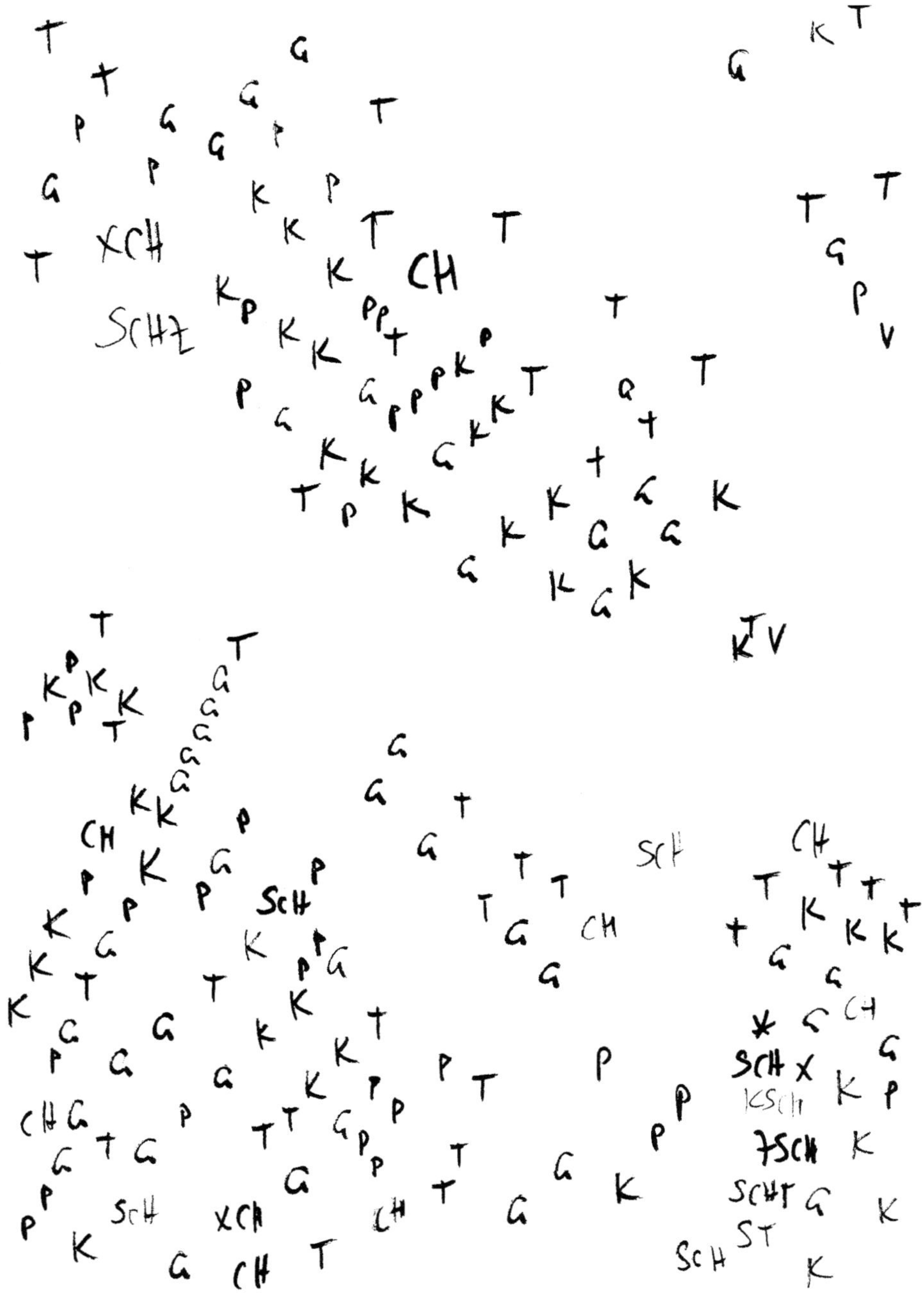

Abb. I _

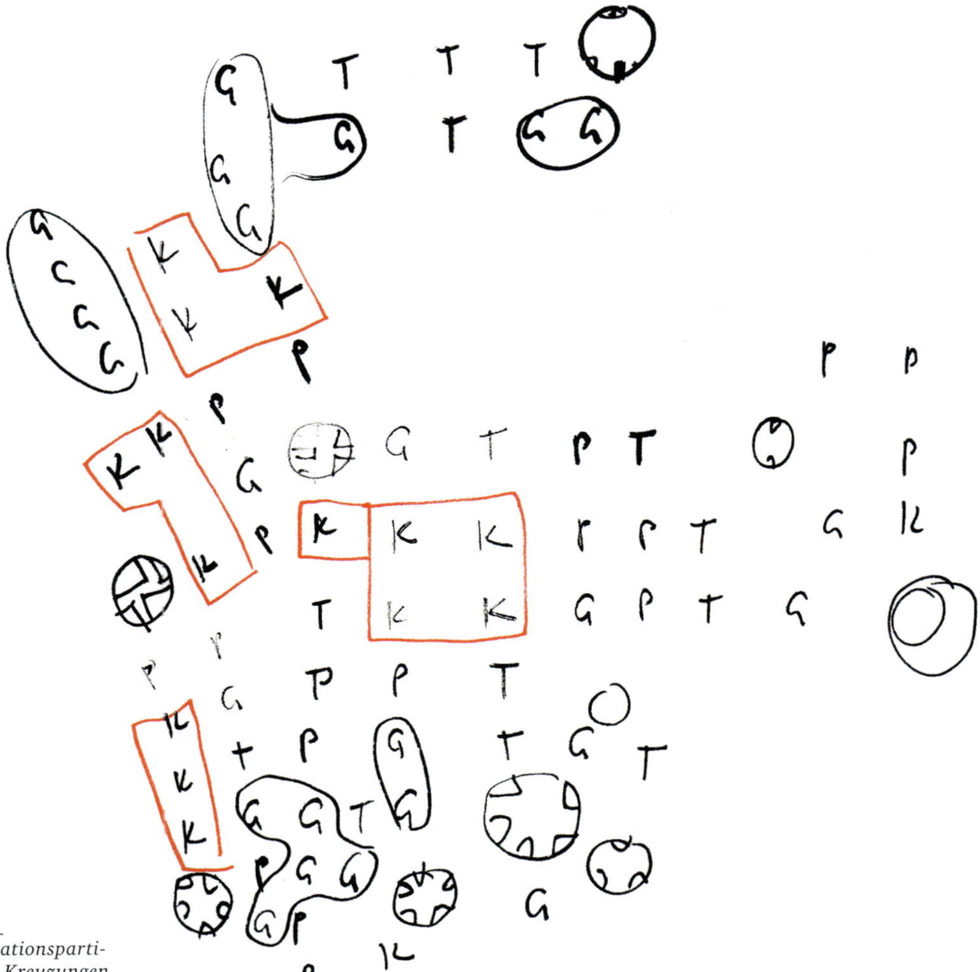

Abb. K _

Abb. I _
Artikulationspartitur der Kreuzungen aus dem Plan H: Bereits aus dieser skizzenhaften Übertragung lassen sich zusammenhängende Klangregionen herauslesen. Wir haben hier einen möglichen Schlüssel zum Verständnis des städtischen Klangcodes vor uns.

Abb. K _
Analyse von Abb. I.

MOBIMO

12345678910 ab

Hintergründe
Die Klangräume der Innenstadt

Sobald wir den Altstadtraum betreten, empfängt uns der Klangwind alter Zeiten. Fliegende Stimmen, rhythmische Schritte, stehende Resonanzen, Stimmengemurmel stufenlos in Wassergemurmel überblendend, gellende Stimmen, einzelne Schläge, die durch kleinräumige Hallräume tanzen und deren Echos uns immer wieder zum Narren halten. Wir finden hier auch die stillsten Orte der Stadt, die seit vielen Jahrzehnten unverändert Erinnerungen zum Greifen nah für uns aufzubewahren scheinen.

Im Sechseck der historischen Kirchtürme finden wir ein Gassenlabyrinth, das unzählige kleine, asymmetrische Plätze zu einem akustisch kommunizierenden System verbindet. Gleichzeitig erkennen wir eine grosse Arena, die von zwei Endmoränen links und rechts der Limmat geformt wird. Im rechten Winkel zum Fluss entdecken wir sich wiederholende Resonanzkammern der jeweils ab- und aufsteigenden Gassen, die dem einmaligen Ensemble von Klangraumsequenzen eine deutlich hörbare Gesamtgestalt geben. Oft reflektiert die Wasseroberfläche der ruhig fliessenden Limmat die Echos der Stimmen und Schritte von der einen Altstadtseite zur andern.

Wassergeräusche von Brunnen bilden ein fast durchgehendes Orientierungssystem. Jede Gasse, jeder Platz hat ein eigenes unverwechselbares Klangprofil. Form, Ausrichtung und Materialität der Fassaden weisen die grösste Variationsbreite der ganzen Stadt auf. Vorstehende Dachkanten, Erker, Balkone und Gesimse in stets wechselnden Winkeln und Höhen artikulieren die Reflexionen jedes einzelnen Schrittes. Wir können uns die Abfolge der Resonanzklänge merken und uns deshalb gut orientieren. Die Klänge des uns umgebenden Stadtraums werden durch die Architekturen auf vielfältige Weise gefiltert und sehr dezent zum Innenstadtklang hinzugemischt. Nahklang und Fernklang stehen in einem optimalen Verhältnis zueinander und erzeugen eine ausgeglichene harmonische Atmosphäre. Visuelle und akustische Präsenz entsprechen sich.

Abb. S. 104/105 _ Turbinenplatz.

Abb. S. 106/107 _ Lindenhof.

Abb. S. 108/109 _ Klangaussichtspunkt Waid.

Die Klangräume der Stadtquartiere aus dem 19. Jahrhundert

Die schnell wachsende Stadt legte fast über Nacht einen neuen, noch nie gehörten Klang um die Altstadt, denn der neue Geländering der ehemaligen Schanzen öffnete auch im akustischen Sinne die Tore des mittelalterlichen Raumes. Eisenbahnschienen bildeten neuartige Schneisen und legten damit das Fundament des gegenwärtigen urbanen Klangs. Häusergevierte mit Innenhöfen dominierten die damals neu gebauten Strassenzüge, und diese artikulierten alle Klänge unverwechselbar und neuartig. Im Vergleich zur historischen Innenstadt bestimmten völlig andere Proportionen die Zwischenräume. Hinterhöfe und Strassenräume bildeten zusammenhängende Ensembles (Posthof, untere Bahnhofstrasse). Die oft reich mit Skulpturen, Reliefs und grossen Balkonen bestückten Fassaden artikulierten den Klangfluss auf besonders abwechslungsreiche Weise. Ihre Resonanzwirkung und die damit verbundene Projektion von Klängen wurden später durch die Erfindung des Teerbelags nochmals gesteigert.

Artikulation des Klangflusses

In den Stadtquartieren aus dem 19. Jahrhundert hören wir die verdichtete moderne Stadt. Eisenschienen bestimmen bis heute Tempo und Charakter. Menschenstimmen, Autohupen, schnell vorbeifahrende Trambahnen bewirken einen vielschichtigen Klangstrom, der eigentlich nie mehr versiegen soll. Die Choreografie der Bahnhofstrasse mit dem Hauptbahnhof als Kopf, dem Prachtbrunnen mit der Statue des Eisenbahnkönigs Alfred Escher als erstem Höhepunkt und ihrem gradlinigen, ebenmässigen Verlauf bis zum See bildet bis heute das Rückgrat der Stadt. Der Sinn des neu gebauten Stadtraums war eine gemeinsame repräsentative Präsenz: Alle Stimmen, alle Rhythmen, alle Bewegungen wirken an einem gemeinsamen Auftritt.

Der Klang des Eingangs des Hauptbahnhofs zur Bahnhofstrasse hin zeigt eine exemplarische Raumfolge, die sich akustisch genau erkennen lässt. Als Eröffnung einer Folge von Fanfaren mächtiger Akkorde empfängt uns eine grosse Kuppel, die den Klang des Prachtbrunnens aufnimmt und damit einen eigenen Resonanzklang erzeugen kann, der vom heutigen Schallpegel aber fast immer verwischt wird. Auf die Kuppel folgt ein weiterer hoher Raum, der genau den Zwischenakkord zu treffen scheint, der optimal von der Kuppel in die eigentliche Vorhalle führt. Die schwer wirkende klassizistische Kassettendecke beruhigt den Raumklang; nun sind wir definitiv im Innern des Bahnhofsgebäudes angelangt, bestens vorbereitet, um durch einen der drei Torbogen (der mittlere trägt eine grosse Uhr) in die Haupthalle zu gelangen.

Im Gegensatz dazu spricht der gegenüberliegende neue Durchgang zum Landesmuseum eine ganz andere Sprache. Hier dominieren helle Echos und ein langer scharfer Nachhall. Die drei Bogen, die von der Haupthalle zum Landesmuseum führen, stehen fast unwirklich vor einer hoch aufsteigenden Glaskonstruktion, die über mehrere Kaskaden zu einer schmalen, liegenden Blende herabführt. Dieser Raum klingt neuartig, denn das hohe schräge Glasdach reflektiert den Schall wie nirgends sonst im gesamten Gebäude. In unmittelbarer Nähe können wir die Raumklangkonzepte des 19. Jahrhunderts mit denen der Postmoderne des späten 20. Jahrhunderts vergleichen.

Wichtig scheint mir, dass wir, von der Bahnhofstrasse her kommend, in der Mitte der Längswand die Bahnhofshalle betreten und dann eine Vierteldrehung nach links machen müssen, um zu den Geleisen zu gelangen. Dieser Richtungs-

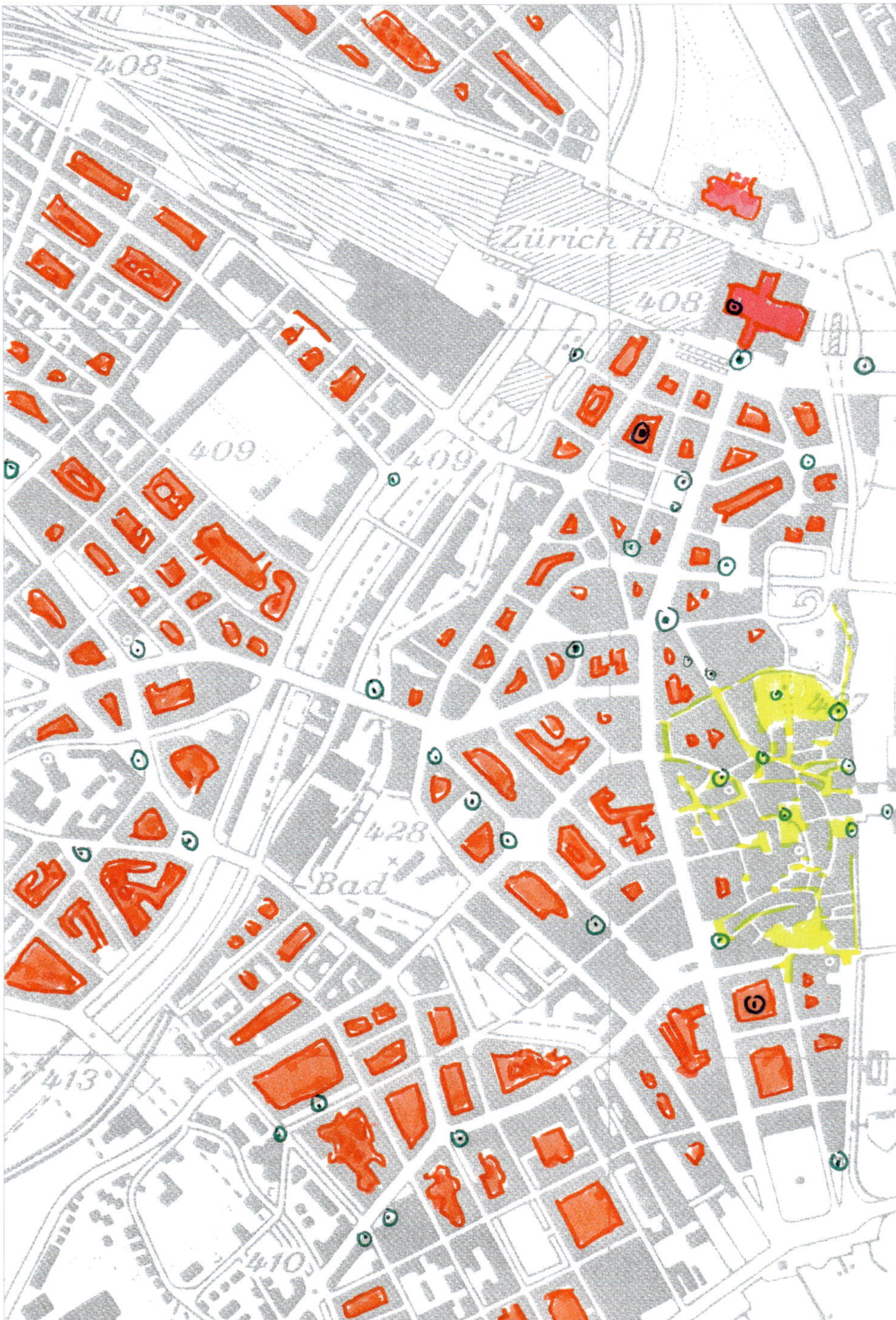
408
Zürich HB
408
409
409
428
Bad
413
410

wechsel im offenen Raum bewirkt, dass wir den Raum nochmals anders hören können. Eine kurze Drehung weckt unseren Gleichgewichtssinn und damit unser Raumwahrnehmungsempfinden.

Raumchoreografie

Die Raumchoreografie der grossen Bahnhofshalle wirkt auch in die andere Richtung. Von den Zügen her gelangt ein Teil der ankommenden Reisenden unbemerkt in die Halle, um sie dann längs in Richtung Bahnhofquai zu durchqueren. Besonders wenn die Halle leer ist, wirkt die unvermutete Grösse des Raumes magisch. Schritte klingen direkt und klar, Stimmen scheinen in der Luft zu schweben und ein sehr offen klingendes Raumecho gleitet zwischen den Halbbögen der Glasfenster im obersten Bereich der Halle hin und her. Schliesst man die Augen, kann man sich der Klangraumwirkung nicht entziehen und vermeint jeden Augenblick, sich ganz sanft vom Boden zu lösen.

Klangprojektionsanlagen

Die beiden Quergänge bilden zwei einander genau gegenüberliegende Klangprojektionsanlagen, die den Klang der Stadt permanent in die Halle übertragen. Die eben beschriebenen Hohlräume der beiden Querhallen artikulieren den Schall der vorbeifahrenden Trams und Autos, sodass ihr transformierter Klang in der Halle eine ganz zauberhafte Wirkung entfalten kann. Gleichzeitig übertragen die Glasfenster unter dem Dach die exakt gleichen Schallwellen von oben her in die Halle. Zusammen mit den beiden Klangprojektoren der Querhallen vermag dieser gläserne Ring den Raumklang in eine sanfte Drehung zu versetzen.

Hinterhöfe (rot) des 19. Jahrhunderts und das Gassenlabyrinth (gelb): charakteristischer Kontrast der Proportionen der jeweiligen Resonanzräume.

Ein Erbe des 19. Jahrhunderts, mehrmals umgebaut und in veränderter Funktion, entstand hier direkt vor unseren Augen und Ohren ein ganz einmaliges städtisches Raumklangmodell. Hier lassen sich die wichtigsten Raumklangqualitäten in ihrem komplexen Zusammenwirken genau untersuchen. Materialkombinationen wie Glas, Stahl, Beton, Mauerwerk, Asphaltboden, Säulen, Bogen, Kuppeln, Kassettendecken, aber auch unterschiedlichste Proportionen und Raumhöhen wirken gleichsam lehrbuchmässig zusammen. Der Bahnhof wird zur sprechenden Architektur.

Leider verstummt die Sprache abrupt, wenn man heute auf den Bahnhofplatz tritt. Hier werden die einzelnen Schallquellen so artikuliert, dass sie den Klangraum des Platzes fast vollständig verdecken. Der Glaskörper der neu gebauten Tramhaltestellen blockiert den Energiefluss des gesamten Platzes, verstärkt die tiefen Resonanztöne der Tramzüge auf der vibrierenden Decke des Platzes und generiert so ein grosses Nervositätspotenzial, das sich deutlich auf alle Personen, die sich hier aufhalten müssen, überträgt. Dieser Platz hat jegliche Aufenthaltsqualität verloren. Der Prachtbrunnen, der den Anfang der Bahnhofstrasse initiieren soll, wirkt regelrecht deplaciert und scheint nur darauf zu warten, entsorgt zu werden.

Die Klangräume aus dem 20. Jahrhundert

Radiofone Klänge

Im 20. Jahrhundert werden die Klänge endgültig mobil und steigern ihre Intensität in bisher unbekanntem Mass. Es sind radiofone Klänge; sie definieren ihren jeweils eigenen Senderadius und dringen in alle Räume ein, die in ihrem Sendegebiet liegen. Die Fassaden werden zu Spiegeln, welche die expressiven Choreografien der mobilen Schallquellen so stark reflektieren, dass die Klangschatten selbst zu unabhängigen Stimmen werden. Die starken Reflexpunkte an Festkörpern werden zu Scheinlautsprechern. Beton und Glas spielen in diesem Tanz mit und artikulieren sich mit neuartiger Schärfe und Härte, blenden, streuen und beugen die Schallwellen auf ihren Bahnen immer unübersichtlicher. Gebäudekanten und Formen der Raumöffnungen artikulieren den Klangfluss und werden damit ebenfalls zu aktiven Lautsprechern. Der Stadtklang emanzipiert sich und wird zum unsichtbaren und permanenten Herrscher über alle Räume.

Die neue Architektur und die neuen städtebaulichen Entwürfe tragen in vielerlei Hinsicht das Fundament für die Choreografie der Klangbewegungen. Ebenfalls sind die grossflächigen Glas-, Stahl- und Betonfassaden äusserst aktiv in der Artikulierung der radiofonen Perspektiven der Echofluchten. Genauso intensiv und aktiv wirken die neuen grossen Baukörper bei der Resonanzbildung und schaffen vollkommen neue Körperschallräume. Strassen, Brücken, Pfeiler, vorgehängte Fassaden werden zudem seismisch aktiv. Hochbahnen und S-Bahnen durchziehen als vibrierende Energiebahnen den neu entstehenden Stadtkörper.

Unter der Quaibrücke kann sehr eindrücklich eine solche klangseismische Quelle erfahren werden. Wir hören hier geradezu den neuen Pulsschlag der Stadt.

Klangseismische Quelle

Wurden im 19. Jahrhundert die Industriezonen möglichst an den Rand der Stadt verlegt, liegen sie im 20. Jahrhundert plötzlich im Inneren des urbanen Raumes. Aussenquartiere, Vororte, ja sogar Vorstädte verbinden sich zu einer kontinuierlichen, stetig expandierenden Matrix, die heute auch die Landschaft erfasst hat und das ganze schweizerische Mittelland von Genf bis Bregenz zu einem zusammenhängenden urbanen Siedlungsraum werden lässt.

Baustellen werden zu Grossräumen, die vorübergehend zu den aktivsten Sendern von Schallwellen und seismischen Vibrationen werden. Sie hinterlassen Neubauten, die sich erst nach einigen Jahren vom Schock der eigenen Eruptionen erholen und sich nur allmählich in den Resonanzkörper der Stadt eingliedern. Das Raumverständnis des 20. Jahrhunderts zeigt sich am unmissverständlichsten in der Anlage des Flughafens. Das 19. Jahrhundert definierte den Stadtraum durch die Bahnhöfe und die Eisenbahnen. Der Hauptbahnhof wurde schnell zum neuen Aktionszentrum der Stadt. Die Bahnhofstrasse wurde zur neuen Achse und die Seeaufschüttung des unteren Seebeckens zum neuen Stadtraum. Es erstaunt daher nicht, dass der Klang der nun leeren Bahnhofshalle uns so magisch anzuziehen scheint. Wir hören hier das Zentrum der neuen Innenstadt. Der schwebende Raumklang der Halle bildet einen dramaturgischen Gegenpol zum seismischen Resonanzklang der Quaibrücke.

Limmatquai und Bahnhofstrasse bilden zwei Klangachsen, die den gesamten Stadtraum zum Seebecken hin erschliessen. Hier öffnet sich der städtische Klangraum. Das vordere Seebecken bildet einen perfekten horizontalen Klangspiegel, der von der Stadt arenaartig umschlossen wird. Diese städtebauliche Anlage wurde bewusst geplant und verwirklicht.

Im Gegensatz dazu liegt der Flughafen in unserer heutigen Vorstellung noch «ausserhalb». Eigentlich bildet der Flughafen aber spätestens seit den 1980er-Jahren das akustische Hauptzentrum der neuen Grossstadt. Mit seinen Rollbahnen und Start- und Landepisten choreografiert der Flughafen ein ständiges Donnern und Zittern der Luft, das über dem gesamten Stadtraum hörbar ist. Die Klänge umzingeln die Stadt nicht nur, sie überfliegen sie. Die Autobahnen um den Stadtkern herum bilden mit mehrstöckigen Knotenpunkten ähnliche Sendeanlagen. Die mit Lärmschutzmauern versehenen Autobahnzubringer sprechen dieselbe akustische Sprache. Da wir diese Räume nicht oder nur sehr selten zu Fuss durchqueren, haben wir keinen akustischen Zugang zu diesen Raumdimensionen. Wir erleben die Räume beinahe nur visuell aus dem Inneren eines Gefährts heraus. Der kinematografische Blick auf den rasch vorbeigleitenden Raum ist von einem stetigen Resonanzklang des Gefährts begleitet, genauer gesagt: Wir sind vom Motorenklang vollständig umhüllt und absorbiert. Wenn wir anhalten und aussteigen, sind wir zu benommen, um gleich den uns umgebenden Klangraum hören zu können. Es dauert ein paar Stunden, bis wir angekommen sind. Unsere Ohren und unser Gleichgewichtsorgan schweben im Raum und verbinden uns so mit unserer Umgebung. Fahren wir schnell oder fliegen wir gar, brauchen wir Zeit, um wieder Bodenkontakt zu bekommen. Wenn wir soeben gelandet sind, hören wir zunächst nur starke und direkte Schallquellen. Einen kleinen Brunnen werden wir mit grösster Wahrscheinlichkeit überhören und an ihm vorbeigehen, ohne ihn zu bemerken. Wir übersehen ihn aber auch. Noch Stunden nach einer längeren Fahrt sind wir in einer Raumkapsel aus nachklingenden Körpervibrationen. Wie nach einem Gewitter, das über die Stadt gezogen ist, öffnet sich der Hörraum langsam und allmählich Schicht um Schicht. Zuerst hören wir die Sirenen, dann die Geräusche der Fahrzeuge, dann werden wir vielleicht gewahr, dass gerade

Kirchturmglocken geschlagen haben, dann hören wir Menschenstimmen, erst jetzt erkennen wir Schritte, schliesslich tauchen Wassergeräusche auf, und zuletzt hören und spüren wir den Wind, der uns umgibt.

Für einen Besucher aus Berlin, der mit dem Flugzeug in Kloten landet und anderthalb Stunden später im Kunsthaus einen Kaffee trinkt, wirkt sich diese urbane Lärmdramaturgie mit voller Wucht aus. Dasselbe gilt für einen zweiten Besucher, der von Paris mit dem TGV im Hauptbahnhof ankommt, mit einem Taxi zum Pfauen fährt und dann neben dem Gast aus Berlin am selben Tisch Platz nimmt. Fragen wir die beiden Besucher, was sie von der Stadt Zürich wahrnehmen, dann sehen beide lediglich das «Höllentor» von Auguste Rodin und das Mobile von Alexander Calder, das über ihnen schwebt. Es käme ihnen zunächst gar nicht in den Sinn, auf die Stadt zu hören. Machen die Besucher später einen Klangspaziergang durch die Altstadt, befinden sie sich auf dem Lindenhof schliesslich im gleichen Klangraum. Würden sie aber mit dem Auto zu einem Konzert nach Luzern fahren, würden sie dort mit grösster Sicherheit noch nicht in einem gemeinsamen Hörraum landen, und selbst während des 30-minütigen Konzerts im Echokammerraum des KKL wären sie akustisch noch nicht ganz bei sich angekommen. Denn abgeschlossene Räume veranlassen uns heute nicht mehr, aus dem alltäglichen akustischen Tunnelblick auszubrechen.

Gemeinsame Hörräume

Die gemeinsamen Hörräume sind Räume, die wir physisch durchschreiten. Der Rhythmus der Schritte, der Rhythmus des Atmens und Redens und der Rhythmus unserer Herzschläge bilden ihr Fundament.

Drei Klangraumtypen an den Nahtstellen vom 19. zum 21. Jahrhundert

Raumsequenz

Gestimmte Raumsequenz

Zuerst möchte ich den Typus der gestimmten Klangraumsequenz erwähnen. Der Eingang des Hauptbahnhofs, der uns von der Mitte des Bahnhofplatzes in die alte Haupthalle führt, bildet den Auftakt einer Klangraumabfolge, die in klassischer Manier Kuppelbau, Vorhalle und Haupthalle komponieren. Architektur spricht zu uns, sie artikuliert in konsequenter Abfolge alle auftretenden Schallereignisse und reflektiert sie uns in einer deutlich erlebbaren Choreografie. Wir durchqueren eine hoch aufgeladene emotionale Passage, die dem blossen Durchqueren eine theatrale Bedeutung verleiht. Der Abreisende betritt einen Tempel der Zeit, der Energie und der Geschwindigkeit. Die Klänge der Stadt und die Geisterstimmen ähnlichen Zugdurchsagen vermischen sich zu einer einmaligen, sich ständig ändernden Klangraumkomposition. In umgekehrter Richtung betritt der Anreisende durch ein grosses Tor die Stadt.

Das leise Feld der suggestiv trommelnden Schritte eilender Passanten wird umspült vom schönsten Murmelstrom der Stadt. Das blosse Durchqueren der Halle bewirkt eine deutliche Veränderung der Passanten. Sie verändern Körperhaltung und -spannung und scheinen sich für kurze Zeit zu öffnen.

Streuung und Resonanzkörper im offenen Raum

Nun wenden wir uns einem komplementären Klangkörpertypus zu: freistehende Körper im offenen Raum, die

Schallfeld

das Schallfeld reflektieren und streuen, die Schallenergie aber gleichzeitig auch absorbieren und selber in Resonanz geraten können.

Der Glasquader der umgebauten Tramhaltestelle auf dem Bahnhofplatz besteht im Wesentlichen aus zwei langen parallelen Doppelglaswänden. Als Wind-, Wetter- und Schallschutz gedacht, wirkt er aber als grosser Resonanzverstärker mitten auf dem dicht befahrenen Platz. Die erste Resonanzkammer verstärkt alle Klänge zwischen Bahnhofseingang und Tramhaltestelle, die Aussenreflexionen der Glaswände bewirken sogar eine Schallpegelzunahme im Inneren der Bahnhofshalle. Der Vorraum unmittelbar vor der Fassade des Bahnhofs erblindet akustisch und wird nicht mehr räumlich wahrnehmbar. Zwischen den Glaswänden werden die tiefen Frequenzen der ein- und ausfahrenden Trams mehrfach verstärkt und als Körperresonanzklänge sehr deutlich und äusserst unangenehm spürbar. Da die Tramhaltestelle auf einer grossen Betondecke des unterirdischen Shopvilles steht, schwingt der ganze Bahnhofplatz wie eine riesige Trommelmembran. Die dritte Resonanzkammer finden wir auf der gegenüberliegenden Seite. Der Klangraum, der hier die Strasse besetzt, lässt den Passanten nur wenig Luft, und es scheint, als flüchteten sie sich so schnell wie möglich an den Geschäften vorbei ins unterirdische Shopville oder in die nahe Bahnhofstrasse.

Die akustischen Eigenschaften des neuen Baukörpers wirken so koordiniert und effektiv, dass der Baukörper als schallverstärkendes Stadtinstrument aufgefasst wird. Den wartenden Personen ist, wie bereits erwähnt, die nervöse Anspannung ins Gesicht geschrieben. Ihr Verhalten und ihre Körperspannung sprechen dieselbe Sprache. Auch die Taxichauffeure sind betroffen, die im direkten Schallfeld der ersten Resonanzkammer warten.

Wir sehen hier in dramatischer Weise, wie ein Baukörper mit Klängen interagiert und selbst zu einem aktiven Raumklangkörper wird, der in alle Richtungen ausstrahlt und sich ins Stadtgefüge einmischt. Der Gegensatz zwischen Absicht und Wirkung könnte nicht grösser sein. Ebenso erstaunt, wie hart hier der Klangraum des 19. Jahrhunderts unvermittelt hart auf die Klangraumrealität des 21. Jahrhunderts trifft. Nur ein paar Hundert Meter weiter hören wir allerdings eine ganz hervorragende Verbindung zwischen den Bahnhofsstimmen und dem offenen Flussraum über der Sihl. Die ebenfalls erst kürzlich erstellte schräge Öffnung der Perrons zeigt eine beispielhafte Klangrauminteraktion, die dem ganzen Stadtkörper zugute kommt.

Resonanzkörper im offenen Raum

Nur ein paar Tramstationen hinter dem Bahnhof finden wir auf dem Limmatplatz ein ganz anderes Beispiel desselben Klangkörpertypus. Dass mit Glas und Beton die Akustik eines Platzes ganz erstaunlich verbessert werden kann, zeigt sich auf diesem Platz. Dort verkehren ebenso die Tramzüge der Linie 13 und statistisch gesehen dieselben Fahrzeuge.

Dennoch empfängt uns eine überraschend neuartige akustische Raumpräsenz. Die Aufenthaltsqualität hat sich mit dem Umbau sehr verbessert, drei Restaurantbereiche im offenen Raum zeigen das deutlich.

Glaszylinder mit unterschiedlichen Durchmessern stehen nun mitten auf dem Platz und demonstrieren eindrücklich, wie der Klangfluss eines Platzes gestimmt werden kann.

Die Zylinder bewirken eine vielfältige Klangstreuung, die sowohl in den Zwischenräumen der Haltestelle als auch in den Randbereichen des Platzes den Raum akustisch aktiv gestaltet. Zusammen mit den Fassaden des Platzes bilden die gläsernen Vielecke ein Kaleidofon, das besonders auf Ohrhöhe der Passanten feine vielwinklige Echobahnen erzeugt. Gleichzeitig wird der Direktschall von vorbeifahrenden Trambahnen rhythmisiert und in mehreren Raumtiefen gestaffelt. Dieser Platz wird so zum Lehrbeispiel für urbane Klangraumgestaltung.

Ein Besuch zum genaueren Studium lohnt sich. Hier können wir ein optimales akustisches Zusammenwirken von Baukörpern aus dem frühen 20. Jahrhundert mit jüngster zeitgenössischer Raumgestaltung erleben.

Abb. S. 126/127 _ Linth-Escherhof-Brunnen im Innenhof zwischen Linth-Escher-Gasse und Löwenstrasse.

Abb. S. 128/129 _ Neu gestalteter Limmatplatz: Die aktive Schallführung schafft eine Tiefenstaffelung des Hörraums: Waldakustik mit industriellen Dimensionen.

Abb. S. 130/131 _ Limmatplatz, Übersicht industrieller Wald.

Abb. S. 132/133 _ Glaskörper der neu gestalteten Tramhaltestelle auf dem Bahnhofplatz.

Abb. S. 134/135 _ Escher-Wyss-Platz.

LUTOMIRSKY

JETZT

MIT DEM ABO NICHT NUR ZUR ARBEIT.
MIT DEM ABO NICHT NUR ZUR ARBEIT.

ZÜRICH
BUSINESS SCHOOL
levue

1896 FCZ
BOYS
GCZ
il Gallo

Planen und Entwickeln

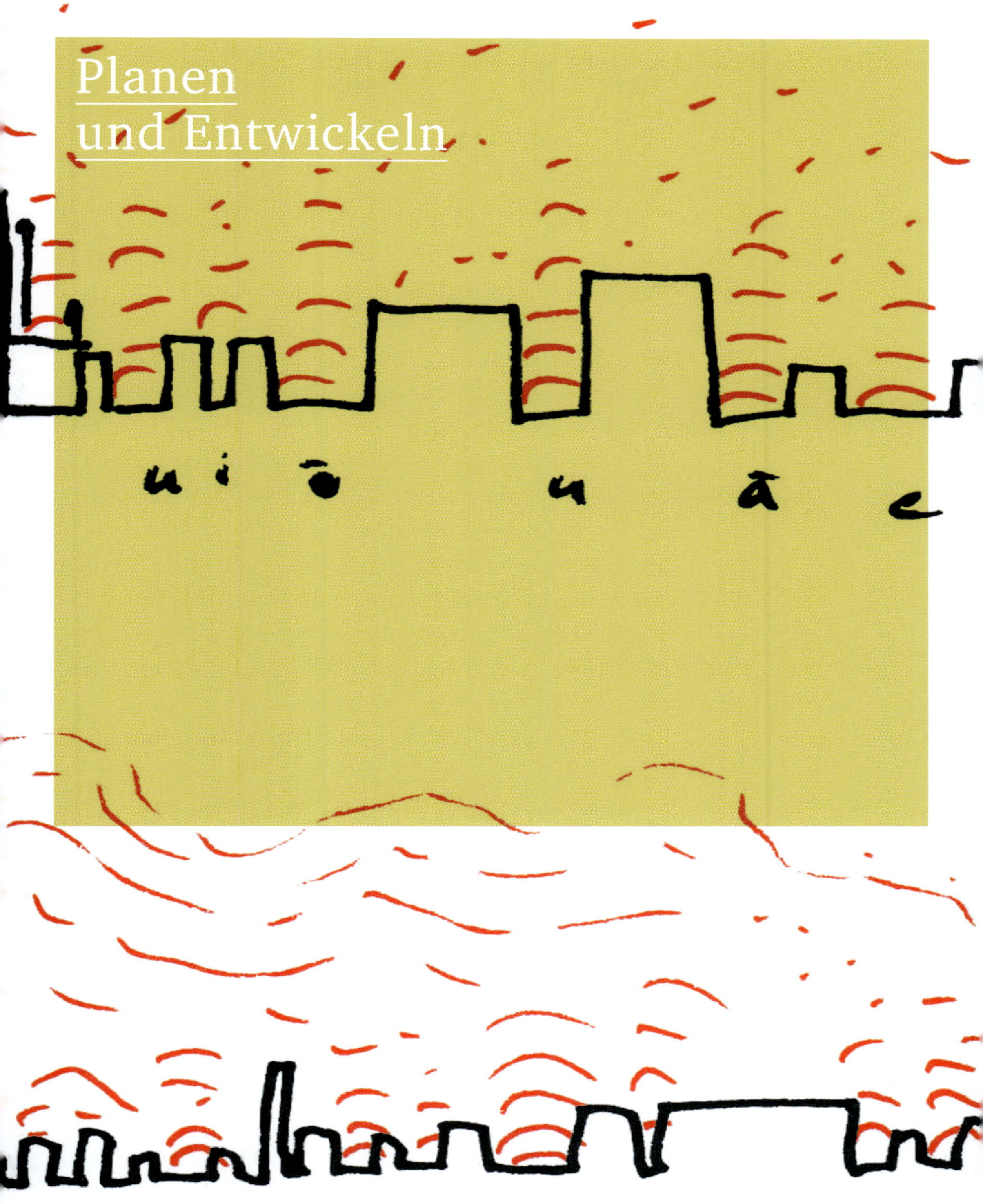

Das Klangpotenzial der Stadt Zürich oder der Plan Sonore

Die Stadt Zürich hat ein grosses Klangpotenzial. In diesem Buch stelle ich dar, wie Klangquellen und kleine Klangräume zusammenklingen können und welche Qualitätsmerkmale die Beurteilung ihres momentanen Zustandes ermöglichen. Im Weiteren geht es mir darum, zu zeigen, wie die kleineren Klangräume zusammenhängen und wie sie kommunizierende Systeme bilden. Die nächste grössere Orientierung entdecken wir in der Sequenz der Klangräume, wenn wir in der Stadt grössere Strecken zu Fuss zurücklegen. Auch hier hat die Stadt Zürich ganz Hervorragendes zu bieten. Die Routen der in diesem Buch vorgeschlagenen Klangspaziergänge sind so gewählt, dass bereits bestehende Ensembles von Klangraumfolgen zusammenhängend gehört werden können.

Klangaussichtspunkte

Mehrere attraktive Klangaussichtspunkte vermitteln sehr direkt die aussergewöhnlich gestimmte landschaftliche Einbettung der Stadt. Die kleine Arena der Altstadt liegt im Zentrum einer grossen Arena, die vom Uetliberg auf der einen Seite und von der Kette Oetlisberg, Adlisberg, Zürichberg, Käferberg und Hönggerberg auf der andern gebildet wird. Beide zeigen einen gut sichtbaren Schwingungsverlauf, der an die Spitze eines eben ins Wasser eingetauchten Wassertropfens erinnert.

Die Ausläufer des Zimmerbergs in der Enge, die sanft abfallenden Hügel von Riesbach, Hottingen, Fluntern, Wipkingen und Höngg artikulieren den grossen Klangraum auf einmalige Art und Weise. Bei Gewittern und Feuerwerken und auch bei den seltenen Signalen der ablegenden alten Raddampfer

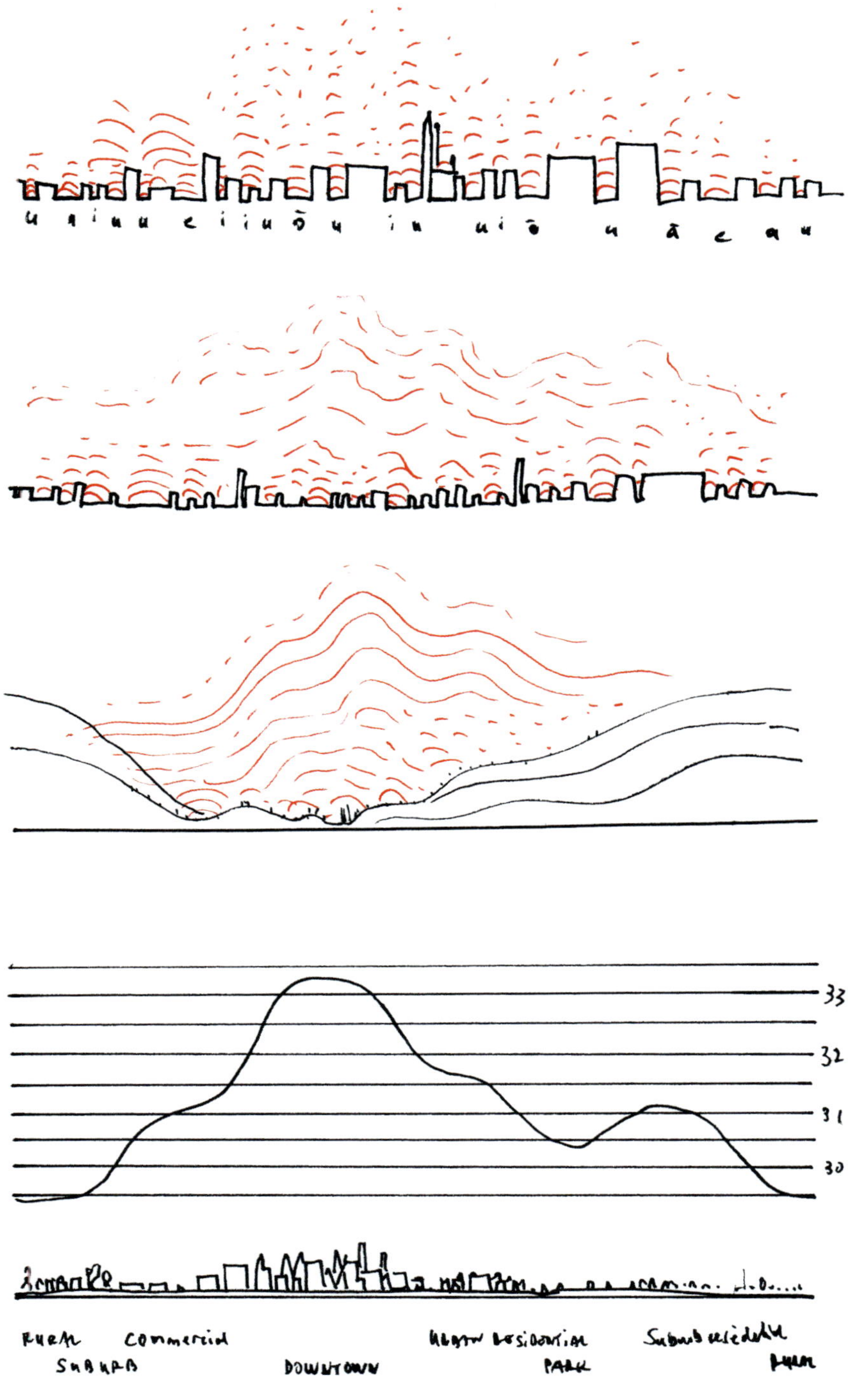

Schnitte durch den gesamten Stadtraum: Darstellung der vertikalen Ausbreitung des Schalls über der Stadt. Andeutungsweise wird die Korrelation zwischen der Ausformung des Geländes und der typischen Temperaturverteilung über einer modernen Stadt gezeigt.

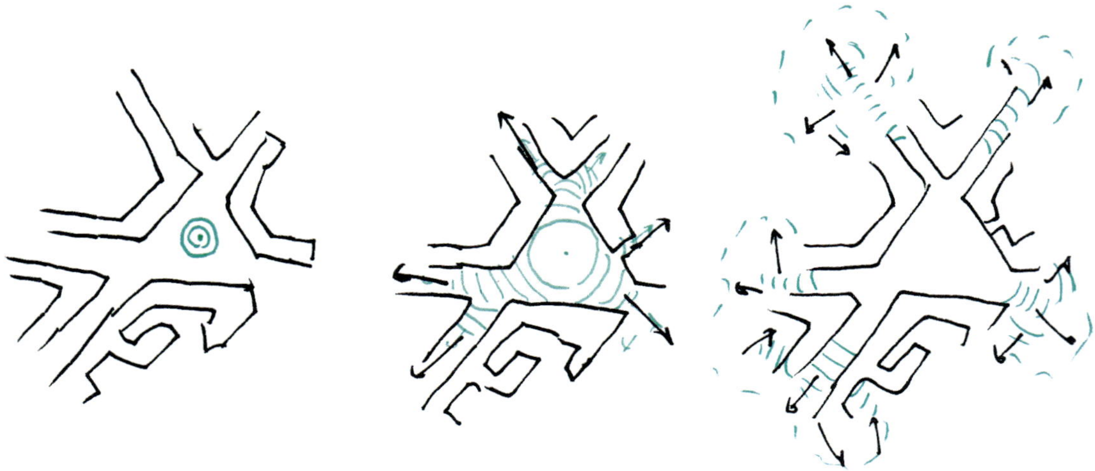

Abb. vom links nach rechts _ Sukzessive Phasen der Klangausbreitung auf dem Hallwylplatz: Studien zur Klangausbreitung über den Platz in die angrenzenden Strassen (blau) und zu den Reflexionen der Fassaden (rot). Diese beiden Klangbewegungen überlagern sich vielfach und erfüllen den Raum des Platzes kontinuierlich.

kann man im Nachhall für kurze Zeit hören, wie sich der Schall im gesamten Stadtraum hin und her bewegt. Die Echos bilden für kurze Zeit einen hörbaren Stern. Die Proportionen der Sternachsen und die Choreografie der scheinbaren Raumbewegungen geben uns einen Einblick in die Klangcharakteristiken des Klangraums über der ganzen Stadt. Wohlausgewogen liegt das Seebecken im Zentrum des Stadtraums, es verjüngt sich zu einer 3 Kilometer langen und etwa 1 Kilometer breiten Zunge. Dieser Raum ist nicht nur visuell sehr attraktiv, sondern bietet auch viele exquisite Höraussichtspunkte, die den Stadtklang panoramaartig präsentieren. Zudem bilden mehrere kleine Hafenanlagen mit immer schwankenden Segelbootmasten einen sehr reizvollen Klangvordergrund. Da das Seeufer hier überall öffentlich zugänglich ist und vielfältige Bademöglichkeiten bietet, haben alle einen ungehinderten direkten Kontakt zu einem grossen, besonders angenehmen Spektrum von Wasserklängen. Die akustische Verbindung vom Ost- und Westufer ist über die Distanz von 1 Kilometer auf ruhigem Wasser fast immer hervorragend und gibt dem Klangraum im Zentrum der grossen Stadtarena eine ganz einmalige offene Durchsichtigkeit. In der unmittelbaren Folge des Seebeckens

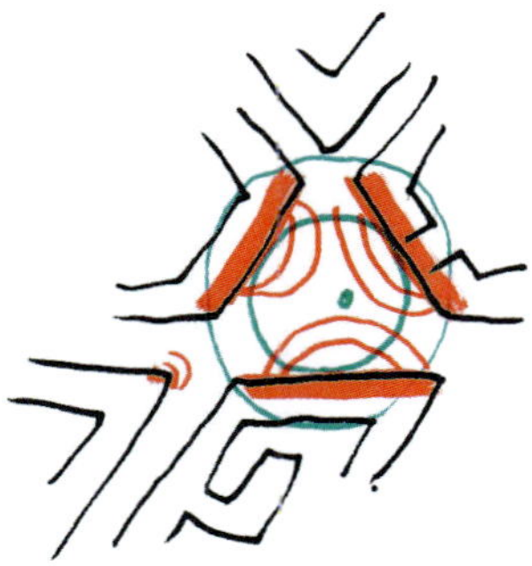

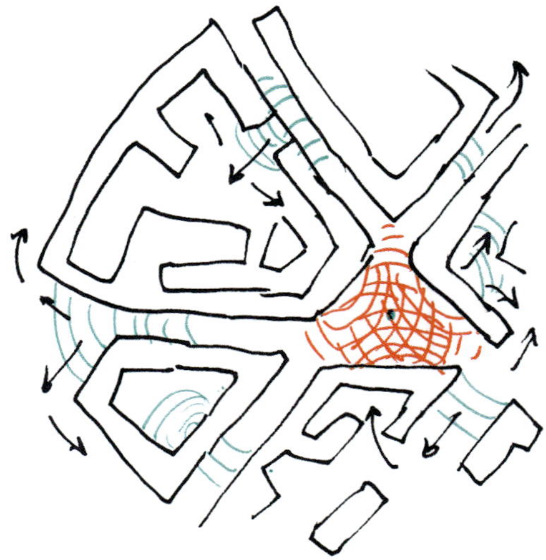

finden wir über fast 2 Kilometer die exakt nach Norden fliessende Limmat. Das Ostufer bildet einen sanft geschwungenen Kreisbogen mit etwa 1 Kilometer Radius (das Zentrum des Kreises läge beim Schwesternhochhaus des Kantonspitals an der Rämistrasse). Im Gegensatz dazu bildet das Westufer der Limmat eine gerade nach Norden führende Linie. So verengt sich die Limmat von der Quaibrücke her allmählich bis zur schmalsten Stelle bei der Rathausbrücke, um sich dann elegant wieder zu öffnen. Das ruhig fliessende Wasser wird von fünf Brücken in vier ähnlich lange Klangspiegel gegliedert. Der zentrale Klangraum der Stadt, der von den Gassenlabyrinthen der beiden Altstadtseiten eingefasst wird, bildet so ein eigentliches Juwel. Die Binnenklangräume sind so vielfältig miteinander verbunden und zu einem konkav geschwungenen gesamten städtischen Klangraum verbunden, dass der Hörraum vielen Dimensionen offensteht. Wir erleben während der Klangspaziergänge in der Altstadt, wie leicht man in die Vergangenheit hören kann und wie reich die Stadt zu uns spricht.

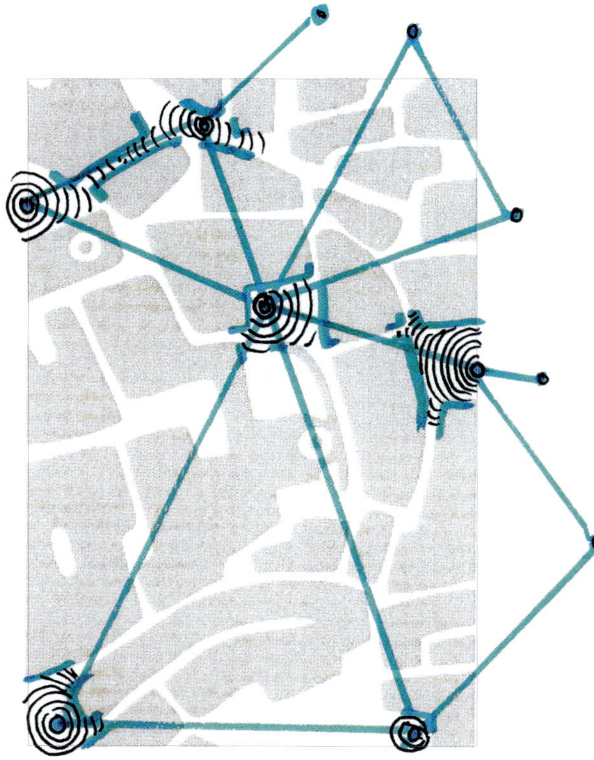

Abb. links _ Detailansicht des Brunnenklangraums auf dem Hallwylplatz: Raumdreieck mit sechs Einfallstoren und einem grossen niedrigen Wasserbecken im Zentrum des Platzes. Der Brunnen ist weit in die Nachbarstrassen hinein hörbar.

Abb. rechts _ Klangtriangulation der Brunnenklänge in der St. Peterhofstatt.

Die Wirkung dieses Klangjuwels verschwindet heute tagsüber fast vollständig. Vom Höraussichtspunkt auf der Terrasse des Waidspitals kann man den Kern der Stadt zwar erahnen, man hört aber auch, dass die Nebel der Stadtklangwirbel sich nur selten lichten. Damit skizziere ich bereits die wichtigsten Punkte eines «Plan Sonore»: Parallel zum «Plan Lumière», der seit 2002 für das nächtliche Erscheinungsbild ein städtisches Gestaltungsprofil entwickelt und umsetzt, soll ein «Plan Sonore» das klangliche Erscheinungsbild der Stadt Zürich entwickeln und realisieren. Ziel soll sein, den bereits vorhandenen Klangreichtum des gesamten Stadtraums zu verstehen und in vollem Umfang allen zugänglich zu machen. Dabei geht es darum, die öffentlichen Räume klanglich so zu unterhalten, zu stimmen und allenfalls neu zu gestalten, dass sie im Konzert des ganzen Stadtklangs aktiv mitschwingen können.

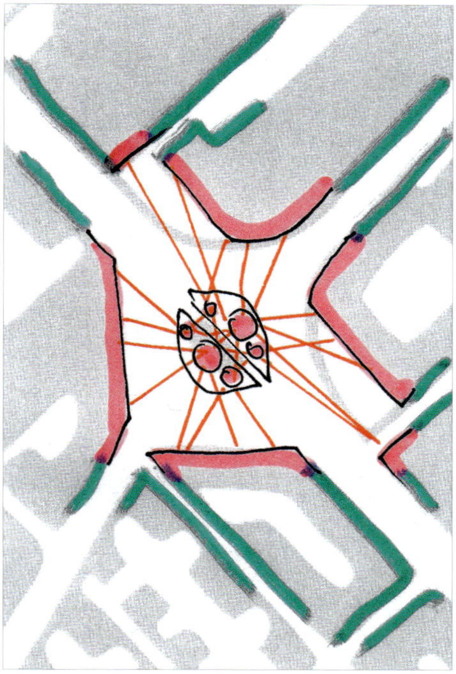

Abb. links _ Klangtriangulation auf dem Limmatplatz.

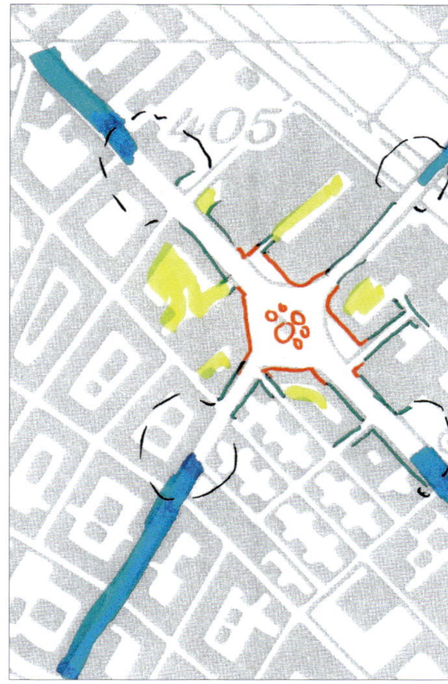

Abb. rechts _ Klangtriangulation Limmatplatz mit angrenzenden Resonanzräumen (Hinterhöfe).

Nahraumqualität, Kommunizierfähigkeit mit benachbarten Räumen, Sequenzbildung über grössere Strecken und Einbezug der Fernwirkung sind in grosser Vielfalt und in ganz unterschiedlicher Art und Weise möglich. Die einzelnen Stadtquartiere zeigen eigene charakteristische Klangspektren. Somit bietet der Stadtraum selber die besten Lösungsansätze. Durch Hörvergleiche der einzelnen Stadtklangräume erkennen wir, wie wir die aktuelle akustische Stadtsituation rasch verbessern und so entwickeln können, dass wir den Stadtklang hören und uns gerne in ihm aufhalten und darin wohnen.

Metaphorische Klangräume der Stadt

Die Stadt ist ein vielschichtiges und mehrdimensionales Ganzes. Mehrere Vorstellungswelten können gleichzeitig existieren, sich gegenseitig stützen und durchdringen. Das Vorstellungsmodell, das man selber bewusst oder auch intuitiv entwickelt, ist entscheidend und prägend dafür, welche Klänge man in der Stadt wahrnimmt und wie man sie wertet. Als Zusammenfassung der Vergleiche und Bilder, die in diesem Buch immer wieder verwendet werden, hier eine Übersicht der verschiedenen Metaphern. Jede Metapher kann für eine bestimmte Vorstellung der Stadt stehen.

Stadt als Meer der Klänge

So wie man von tosenden Fluten spricht, kann man auch von Klangfluten sprechen, von ansteigendem Rauschen, sogar von Klanggezeiten. Im Strom der Klänge tauchen Klangwirbel auf, die Klanginseln umspülen.
Wir betonen mit diesen Metaphern das Überwältigende des Klangs und seine uns mitreissenden Kräfte.

St.-Jakobs-Kirche (Stauffacher) und Kirche St. Peter und Paul (Werdstrasse): radiale Ausbreitungsgebiete und Überlagerung der Klangräume der Glocken der beiden Kirchtürme.

Energiestadt

Schall kann einerseits als physikalische Energie verstanden werden, die man mit Schallschutzmauern zu bändigen versucht. Die akustischen Gesetze beziehen sich auf dieses Energiemodell.

Die Dramaturgie von Lärmschutzmauern erinnert fatal an die historischen Stadtmauern. Vielleicht wiederholt sich hier die Geschichte doch. Die monumentalsten Bauten, welche

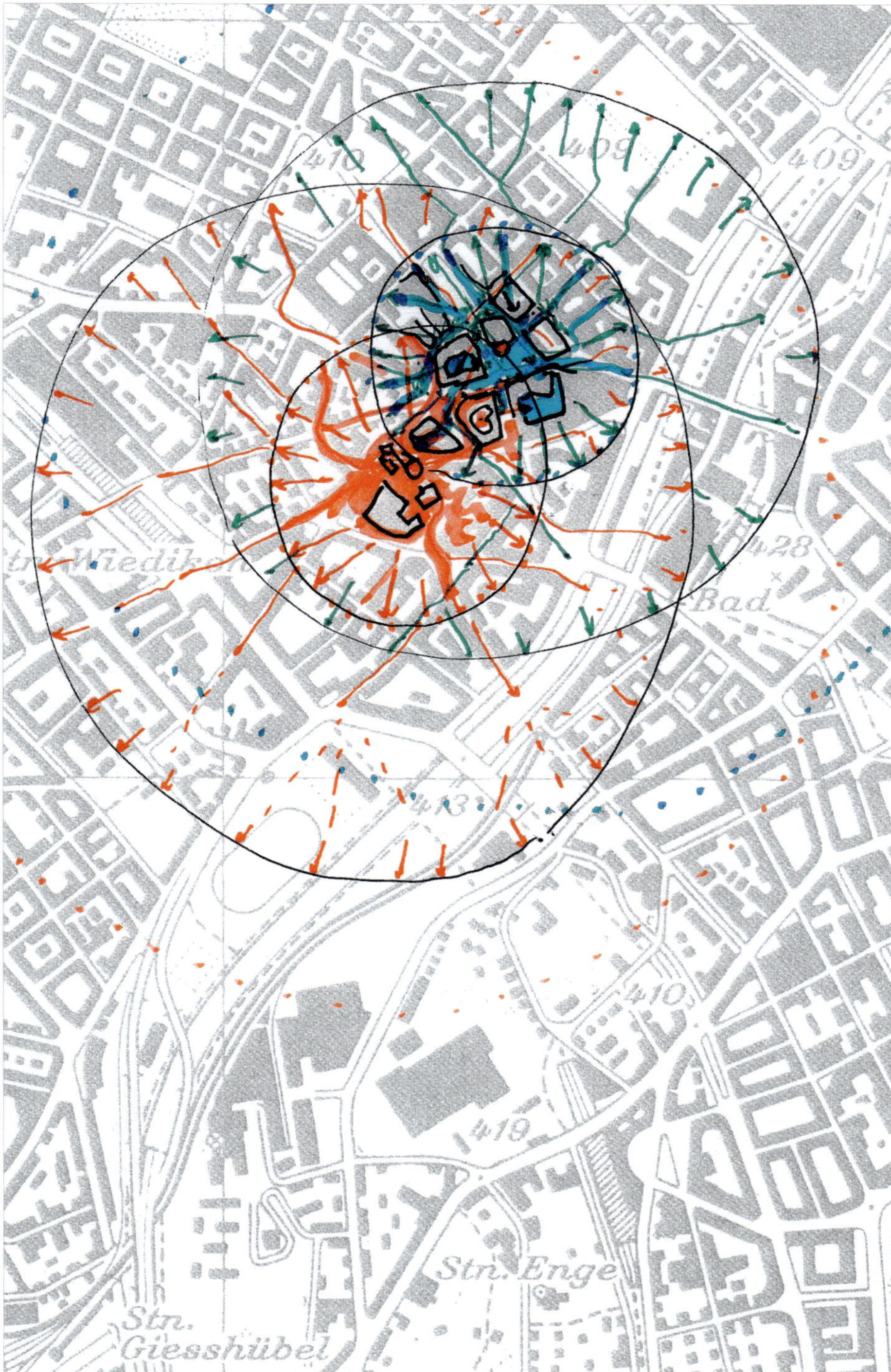
410
409
428
Bad
413
410
419
Str. Enge
Str.
Giesshübel

die Stadt Zürich je verwirklicht hatte, waren die Schanzen des 17. und 18. Jahrhunderts. Die Stadt, die sich mit Mauern von feindlichen Angriffen schützt und einen inneren, sicheren Schutzraum bietet, ist bei der Schleifung der Schanzen Anfang des 19. Jahrhunderts aufgebrochen worden. Energiezentren wurden Bahnhöfe und Fabrikanlagen, die damals am Rand der Stadt errichtet wurden. Heute bilden sie Knotenpunkte im Zentrum des Grossraums Zürich, und bald werden wir auch den Flughafen nicht mehr am Rand der Stadt finden, sondern er wird zum wichtigen Energieknoten in einer multizentralen urbanen Zone sein.

Anderseits vermitteln uns Klänge psychische und emotionelle Energien. Sie sind Grundlage für unser Wohlbefinden, können uns erregen und uns bedrohen. Zum Beispiel machen es uns leise sirrende Geräusche, die akustisch gar nicht gemessen werden können, unter Umständen unmöglich, uns länger in einem Raum aufzuhalten.

Energiestadt

In der Perspektive einer nachhaltigen Energiestadt, die in hoffentlich naher Zukunft alle notwendige Energie vor Ort selber erzeugt, hat der Klang eine ganz wichtige Bedeutung. Er kann als Qualitätsmerkmal für hocheffiziente Prozesse dienen. Lärm ist immer ungewollter Energieverlust.

Stadt als Körper

In den 1960er-Jahren haben die Metabolisten, eine der damals wichtigen Architekturschulen, die Stadt als grossen Organismus verstanden und sich intensiv mit lebenserhaltenden Kreisläufen wie Wasser und Luft beschäftigt. Davon profitieren heute die ökologischen Denkmodelle. Dass man den Puls der Stadt auch tatsächlich hören kann und der Klangstrom der Stadt Auskunft über die Lebensqualität geben kann, bezieht sich auf diese Stadtmetapher.

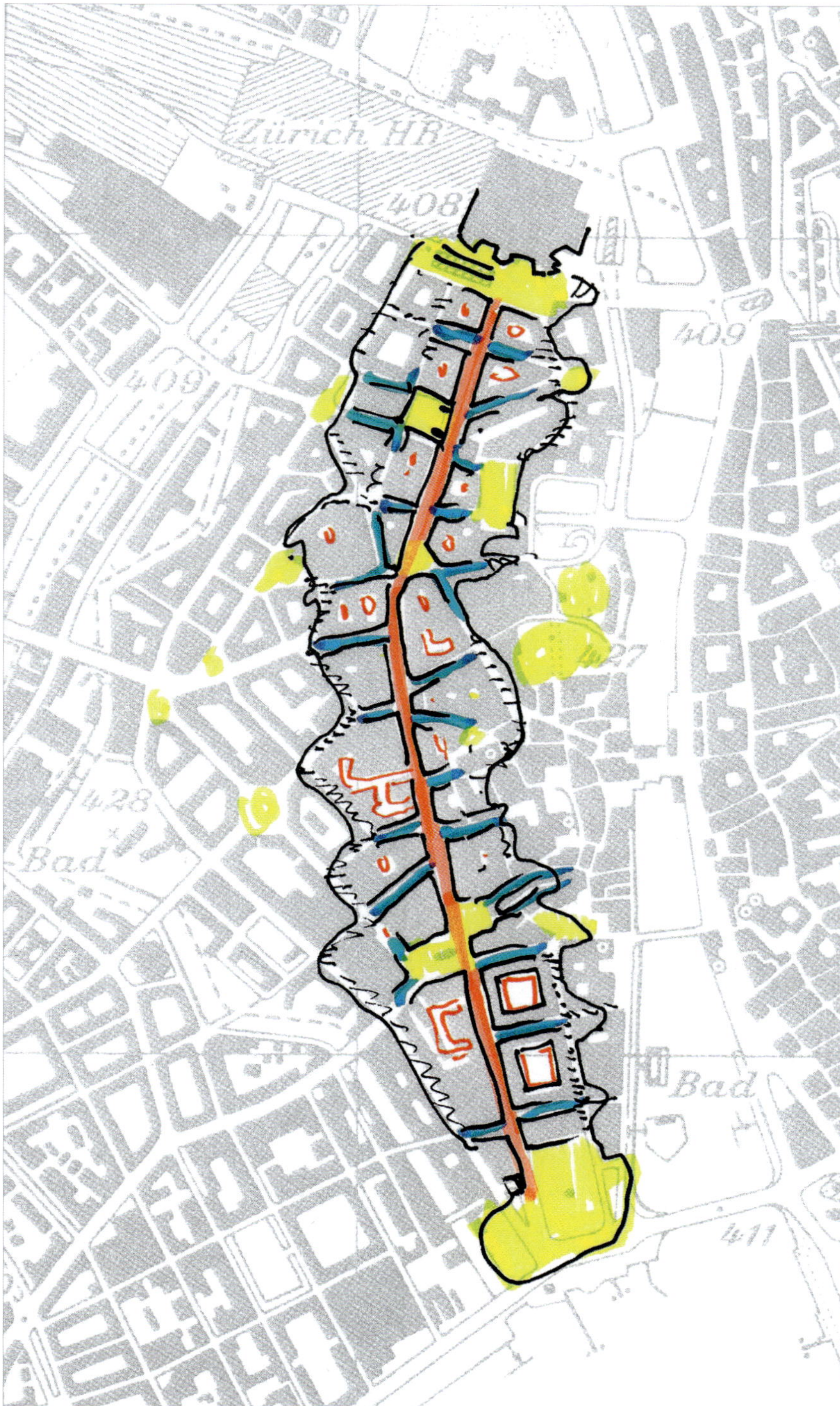

Bahnhofstrasse: Planskizze zur Darstellung des Zusammenspiels von Resonanzräumen der Seitenstrassen, der Hinterhöfe und der öffentlichen Plätze.

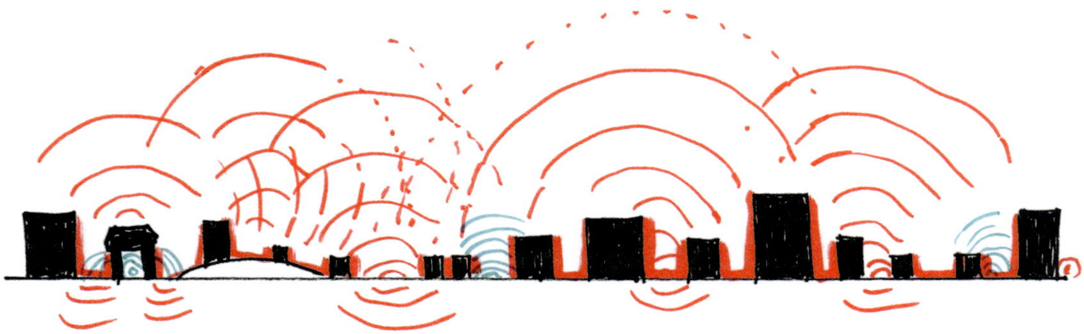

Stadt als gemeinsam bespieltes Instrument

Der aktuelle Stadtklang ist fast ausschliesslich direkt von uns Menschen verursacht. Wir können die Stadt als riesige Trommel verstehen, auf der 500 000 Menschen gleichzeitig trommeln, ohne sich gegenseitig wahrzunehmen, geschweige denn einander zuzuhören. Es ist sehr wohl möglich, diesen Zustand zu ändern.

Stadt des Murmelstroms

Städtische Räume sind oft erfüllt von sprechenden Menschen. Die Distanz, in der die gesprochenen Worte verständlich sind, ist relativ klein. Sie beträgt oft nur wenige Meter. Dann verklingen die undeutlich gewordenen Worte und verhallen in grossen Räumen. Anonyme, körperlose Stimmen, Lachen, Gemurmel, Raunen und Flüstern vermischen sich zu einem mehr oder weniger steten Murmelstrom, der die ganze Stadt erfüllt. Der Murmelstrom ist emotionell sehr wichtig für die Menschen in der Stadt. Wir halten uns deshalb sehr gerne in Restaurants auf, wo wir andere Menschen hören, ohne ihren Worten genau zuhören zu müssen.

Abb. von links nach rechts _ Klangprofil einer Häuserzeile und deren versteckten Schwingungsknoten.

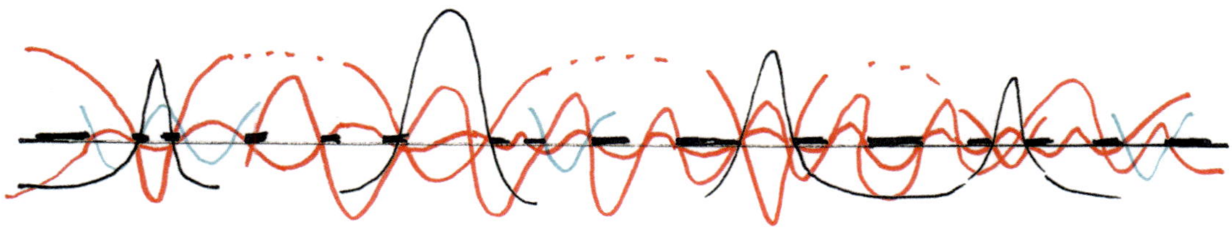

Klang der Stadt als Sprache

Man könnte es wagen, die Klänge der Stadt als Sprachsystem zu deuten. Aus dieser Perspektive würden die verschiedenen Artikulationen der Fassaden und Strassenquerschnitte darauf hinweisen, dass sich hier eine zusammenhängende Sprache zu entwickeln beginnt. Wir können uns dann auch fragen, wer spricht: Sprechen die Wände? Die Fassaden? Die Bodenbeläge? Wer hört zu?

Klang der Stadt als Symphonie

Spätestens seit der «Symphonie Fantastique» von Hector Berlioz spielt der Stadtklang eine musikalische Rolle. Der Film «Symphonie einer Grossstadt» von Walther Ruttmann übersetzt die Metapher in eine der berühmtesten filmischen Bildmontagen. Edgar Varèse kreiert mit seinen Sirenen in «Amérique» einen neuen Grossstadtsound. György Ligetis «Nouvelles Aventures» und sein «Requiem» öffnen unsere musikalische Vorstellung für Stimmklänge, die von Tausenden von Menschen herzurühren scheinen. John Cages «Roratorium», die grossartige «Vertonung» von James Joyces «Finnegans Wake», versetzt uns akustisch in alle Grossstädte gleichzeitig, und Bill Fontanas «Klangbrücken» verbinden schliesslich live die Klangströme von Städten über Kontinente hinweg.

Dies soll nur als Skizze dienen, um eine sehr grundlegende Auseinandersetzung in der Musik anzudeuten. In unserem Zusammenhang kann hervorgehoben werden, dass die Alltagsklänge der Stadt die Musik im Grunde genommen überwältigt haben. Die grossen Formen, welche die klassische «Symphonie» zusammengehalten haben, sind von dynamischen Prozessen unterspült worden. Die Konfrontation mit dem Chaos, dem Zufall und dem nicht wirklich fassbaren Kontinuum des Alltags hat vielleicht erst angefangen.

Wenn wir den Klang der Stadt Zürich als «sym-phonie», als «Zusammenklang» hören wollen, können wir uns an folgenden «Stimmen» oder selbstständigen «Schichten» orientieren:
die Stimme der tausend Brunnen
die Stimme des Murmelstroms
die Stimme der Schritte
die Stimme der Maschinen und Aggregate
die Stimme der Sirenen
die Stimme der Kirchenglocken
die Stimme der unsichtbaren Klangströme

Stadt der klingenden Gärten

In Anlehnung an den Mythos der Stadt der hängenden Gärten kann ich mir eine Stadt der klingenden Gärten vorstellen, welche die Kunst, die Stadt akustisch zum Blühen zu bringen, beherrscht. Die Methode der Klangakupunktur, die Bill Fontana schon seit den 1980er-Jahren erprobt, erachte ich als sehr wertvolle Vorstufe zur Kunst der Klanggärtnerei. Die Klangagrikultur ist der industriellen Klangproduktion der heute üblichen Tonstudios gänzlich entgegengesetzt. Hauptanliegen ist das Setzen, das Hegen und Pflegen von klingenden Gestaltungen, die sich mikroskopisch mit den Bewegungen der Pflanzen synchronisieren. Klanggärten sind höchst sensibel und reagieren auf Wind und Wetter genauso intensiv wie auf die Anwesenheit und Stimmung von Personen.

Abb. S. 152/153 _
Hinter dem Bahnhof Wiedikon, Elisabethenstrasse.

Abb. S. 154/155 _
Hardbrücke.

Abb. S. 156/157 _
Brunau, Sihlhochstrasse.

Abb. S. 158/159 _
Wipkingen, Am Wasser.

ER AG
KRAMER AG
P

P
GESTALTEREI
6t

N15
Bahnhof
Hardbrücke
33 Schaffhauserplatz
Toblerplatz
Bhf. Tiefenbrunnen
72 Bucheggplatz
Milchbuck

Die Stadt akustisch projektieren – Klangvisionen

Auf dem Weg zur Raumklanggestaltung

Instrumentalbau

Das Wissen um Wirkungen der gegenseitigen Beeinflussung von Klängen im konkreten urbanen Raum bildet die Grundlage für eine aktive Gestaltung von Stadtklang. Jeder Eingriff in architektonische Räume verändert den Klang. Jede zusätzliche Mauer, jede Säule, jeder Glaszylinder, jeder Baum, jeder Brunnen, jede Wasserfläche birgt das Potenzial, einen bestehenden Raum akustisch neu zu stimmen. In diesem Zusammenhang ist die Analogie zum Instrumentalbau interessant: Der Stimmstock im Geigenkörper zum Beispiel ist absolut wichtig für das Zusammenwirken der Resonanzen im gesamten Instrument. Das kleine unsichtbare Stück Holz bestimmt mit seiner Position im Resonanzgehäuse den Gesamtklang der Geige.

Klangraum-typologie

Damit die raumschaffenden Klangpotenziale der Gebäude und ihrer Zwischenräume als städtebauliches Wissen aktiv beim Entwerfen, Planen und in der Praxis eingesetzt werden können, müssen ein paar wichtige Voraussetzungen geschaffen werden. Zunächst gehören dazu die präzise Verortung der Klangwirkungen auf einem Stadtklangplan und deren Charakterisierung in Typologien. Dabei schlage ich vor, nicht nur die bereits skizzierte Klangraumtypologie zu entwickeln, sondern eine Klangraumtopologie der Stadt zu schaffen.

Bereits habe ich eine spielerische Methode beschrieben, mit der man – in den Strassen herumgehend – die Klangartikulation der Gebäude und ihrer Zwischenräume erforschen und Schritt für Schritt die Grammatik der urbanen Klangraumsprache entschlüsseln kann. Damit ist es möglich, auf der Grundlage des Stadtplans einen groben Stadtklangplan zu entwickeln. Erste Resultate einer Klangpartitur der Stadt Zürich finden Sie auf S. 102/103.

Ein weiterer wichtiger Schlüssel für die Klangraumgestaltung liegt darin, ein räumliches Mass für die Klänge zu finden. In der Praxis meiner künstlerischen Arbeit in offenen Räumen habe ich mich in vielen Projekten mit dieser Frage beschäftigt. Technisch gesehen können wir akustisch viele verschiedene Distanzen überwinden. Open-Air-Konzertbeschallungen verwandeln den Raum in einen nicht vorhandenen Innenraum, den offenen akustischen Raum will man am liebsten vollständig beherrschen und schliesst ihn damit von der Umgebung ab. Das gelingt in einem gewissen Mass auch im sogenannten «Sweetspot», dem inneren Hörbereich der entsprechenden Publikumszone. Schon in unmittelbarer Umgebung eines Open-Air-Konzerts scheitert das heutige Verstärkungskonzept aber vollständig, von den massiven Fernwirkungen ganz abgesehen.

Im Bereich von Klanginstallationen gehört es zur primären Aufgabe, alle Klangwirkungen, alle möglichen Raumreflexionen und Resonanzwirkungen eines bestehenden Ortes in die Klangkomposition einzubeziehen. Gelingt es, auch die näheren Umgebungsräume und sogar die Fernwirkung zu berücksichtigen, wird die Klanginstallation zum Klanggarten.

Klangakupunktur

Hier sei noch kurz auf das Prinzip der «Klangakupunktur» verwiesen, das Bill Fontanas Arbeiten zugrunde liegt. Die Wirkungsweisen von Klangakupunkturpunkten können wir bei jedem Brunnen nachvollziehen. Wie in dieser Studie mehrmals geschildert, erfahren wir beim Klang des Brunnens das permanente Klangfeld, das sich um die Klangquelle entfaltet und den Raum um den Brunnen aktiviert.

Die Wirkungsradien der Qualität einzelner Klangquellen zu kennen, ist die Voraussetzung dafür, dass man erfolgreich Klanginseln im Stadtraum schaffen kann. In diesem Buch geht es mir vor allem darum, den in der heutigen Stadt bereits oder noch vorhandenen Klangpotenzialen nachzugehen und zu zeigen, dass die Architektur und Freiraumgestaltung immer mit einer Klangartikulation einhergeht. Genau dieses Zusammenwirken von Gebäuden und Umraum bildet für die Stadtgärtner eine selbstverständliche Grundlage ihrer alltäglichen Arbeit: Sie wissen um das Zusammenspiel von Architektur und Natur. Ein städtischer Klanggarten, der die Erfahrung des Giardino Sonoro La Limonaia dell'Imperialino Firenze (GLSI) aufnimmt, würde sowohl für Fachleute als auch für alle städtischen Besucher und Bewohner eine ganz einmalige Möglichkeit bieten.

Die praktische Erforschung der mikroskopischen Klangwirkungen steht am Anfang der Skala. Die Klangartikulationen im Stadtraum erhellen uns die nächste Klangraumdimension. Schliesslich können wir Klangszenografien und -dramaturgien für den städtischen Raum entwerfen, die den Dimensionen von öffentlichen Parkanlagen und Alleen entsprechen. Das differenzierte Zusammenspiel dieser drei Ebenen ist von entscheidender Bedeutung.

Stadt der unsichtbaren Klangarchitekturen

Wir sprechen selbstverständlich von der Stadt der Museen und Galerien, von der Kunstmeile; wir reden aber auch von Fussgängerzonen, von Einkaufszentren und Parkhäusern.

Auf den Klangspaziergängen konnten wir ohne grosse Mühe Klanggewölbe, Klangtore, Klangschleusen, Klangtunnel und Klangrohre entdecken. Seit einiger Zeit bewegt sich die Klangwelt: Stuttgart verwandelte den Killesbergpark für das Weltmusikfestival 2006 in einen Klangpark. Im Toggenburg wird mit dem Architekten Peter Zumthor an einem Klanghaus gebaut.

Für das Schloss Werdenberg wird das Projekt Klangschloss entwickelt – auch in Kooperation mit dem Haus der Klänge im Toggenburg. Die Stadt Linz kennt schon seit Jahren das äusserst populäre Fest der Klangwolke. Nicht nur St. Pölten kennt den Klangturm, auch auf der Expo.02 war der Klangturm sehr beliebt und konnte als emotioneller Motor der Arteplage Biel eine urbane Szenerie, zumindest während 22 Wochen, entfalten.

Die statische gebaute Architektur wird Teil einer aktiven städtischen Dramaturgie, der öffentliche Stadtraum birgt mehr, als wir ahnen. Das Ohr schafft neue Räume, die dem Auge zunächst verborgen bleiben. Wir können die Räume, in denen wir leben, stimmen und lernen, sie in vielschichtige Schwingung zu versetzen. Genau das vollzieht sich in einem Klanggarten, unter einer Klangbrücke oder im städtischen Klangwald.

Klanggarten

Klangwald

Der sehr dynamische Stadtraum birgt Quellen und Ströme, Gezeiten und Wirbel, die wir auf uns wirken lassen können.

Ein Klangobservatorium könnte ein neues städtisches, künstlerisch-urbanes Stadtentwicklungsinstrument werden, das den Klang der Stadt zum Blühen bringen würde.

Künstlerische Gestaltung des städtischen Klangraums

Seit einem halben Jahrhundert entwickelt sich eine neue eigenständige Kunstform, die Klang im öffentlichen Raum gestaltet. Einige hervorragende Künstler benutzen den öffentlichen Raum nicht als Freilichtkunsthalle, sondern entwickeln den Stadtklang.

Max Neuhaus

Damals noch Musiker im Orchester der Carnegie Hall in New York, hat Max Neuhaus 1969 als Erster einen permanenten Klang im städtischen Raum «installiert». Mit dem im Jahr 2008 renovierten klingenden U-Bahnschacht an der 5th Avenue in New York hat das MoMA (Museum of Modern Art) nun die Kuratorenschaft über diese erste, künstlerisch meisterhaft gestaltete Klangquelle übernommen und garantiert damit deren permanente Präsenz im öffentlichen Raum. In der Schweiz hat Max Neuhaus mehrere Werke realisiert. So klingt seit einigen Jahren eine kleine Fussgängerbrücke im GIBB (Gewerbeschule Bern) im Lorrainequartier. Diese Klangbrücke erzeugt ein fein klingendes, schwebendes Klangfeld, das dem flüchtigen Besucher wahrscheinlich gar nicht auffällt. Dem, der es entdeckt, öffnet es aber die Ohren.

Bill Fontana

Der zweite grosse Meister der Klangräume erfand die Klangbrücke neu: Bill Fontana realisierte mehrmals unsichtbare Brücken zwischen Städten und Kontinenten. Berühmt wurde seine Klangbrücke Köln-San Francisco oder die Übertragung der Klangwelt der Auenwälder in die Wiener Hofstadt. Seine «resoundings» (Wiederklänge) sind nicht nur

Klangkunstwerke, sondern aktive Gestaltungseingriffe in und für den Stadtklang. Bill Fontana bringt das Medium Radio und elektroakustische Klangraumgestaltung zusammen und hat damit die Tür zur Gestaltung des urbanen Klangraums weit aufgestossen.

Sam Auinger und Bruce Odland

Eine weitere erwähnenswerte Arbeit betrifft das Klangresonanzrohr von Sam Auinger und Bruce Odland. Ihr aktives akustisches Klangumwandlungsprinzip kann Stadtlärm für einen bestimmten Ort in Stadtklang verwandeln und einen lärmigen Ort entscheidend beruhigen. Ihre Arbeit ist nicht alleine physikalisch-technischer Natur, es gelingt ihnen mit sehr reduzierten Mitteln, klingende Räume im öffentlichen Stadtraum zu schaffen.

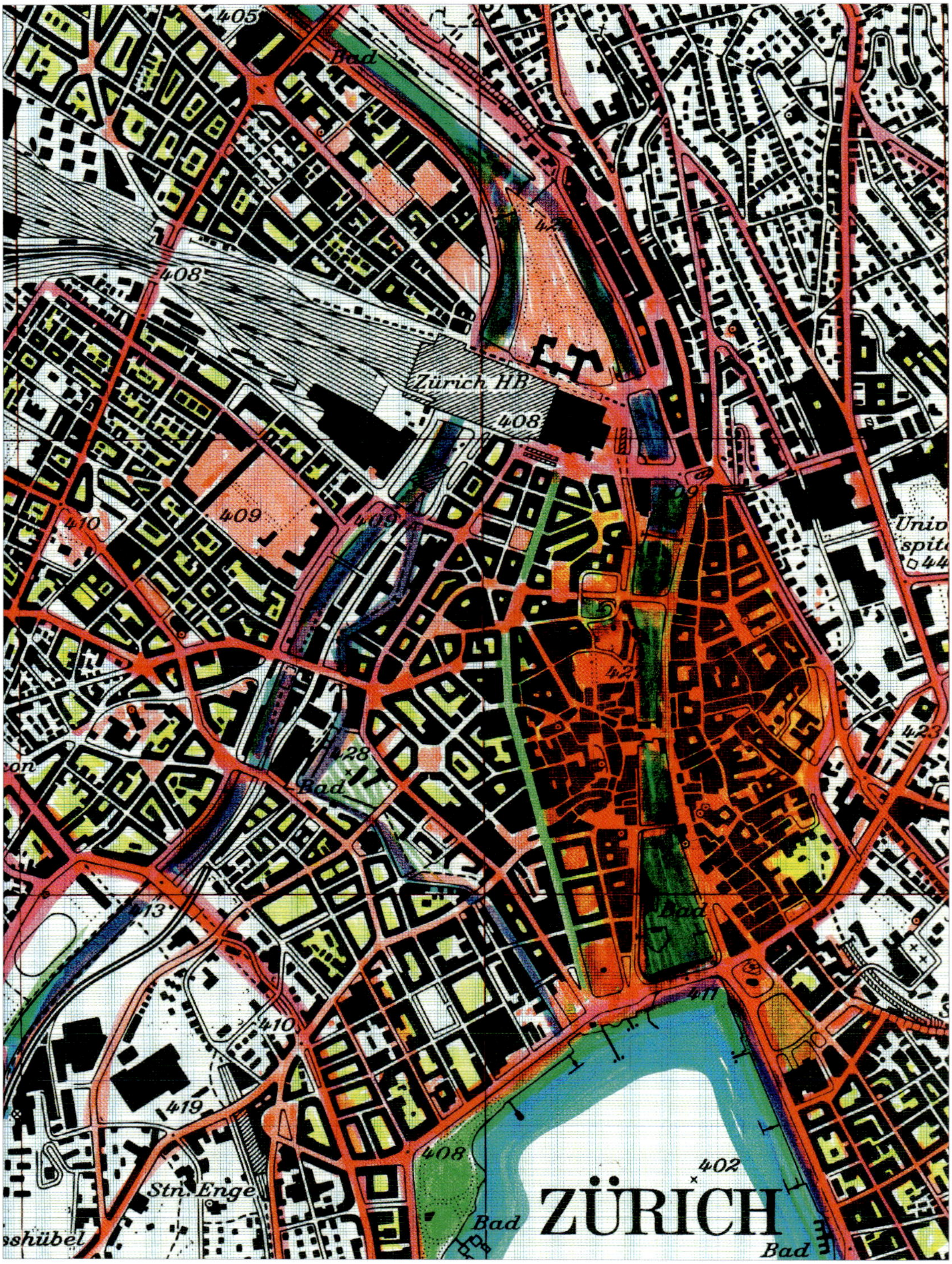
405
Bad
408
Zürich HB
408
409
410
423
428
Bad
413
411
410
419
Stn. Enge
408
Bad
402
ZÜRICH
Bad

Glossar

Im folgenden Glossar sind die Begriffe berücksichtigt, die, am Rand der Seiten gesetzt, den Text begleiten. Dazu gehören Begriffe, die beim Entdecken von Klangphänomenen entstehen und noch neu und vieldeutig erscheinen. Sie werden hier mit «entdecken» gekennzeichnet. Weiter gibt es Begriffe, die der Orientierung und dem Vergleich dienen. Sie sind mit dem Vermerk «orientieren» versehen. Schliesslich gibt es Begriffe, die sich mit der Gestaltung des Klangs befassen. Sie sind mit «gestalten» markiert.

Planskizze zur Dynamik der aktuellen Klangströme der Innenstadt: Die zentrale akkustische Arena der historischen Altstadt (rote Flächen) mit den Limmaklangspiegeln (blaue Flächen) ist umgeben von verstreut positionierten resonierenden Hinterhöfen (gelb) und fest im Griff vom Netz der stark befahrenen Strassenzügen (rote Linien). Grössere Plätze und Parkflächen (heller rot) finden wir erst mit zunehmenden Abstand vom Zentrum.

Akustisches Loch
(entdecken)
Mitten im stärksten Lärm, der sich wie ein dichter Nebel über die ganze Stadt ausbreitet, können immer wieder spontane akustische Aufhellungen wahrgenommen werden. Sie scheinen wie grosse unsichtbare Hörrohre eine Verbindung zu entfernten Orten herzustellen, und im günstigen Fall übertragen sie entfernte Klänge (zum Beispiel einzelne verständliche Worte) zu uns. Die akustischen Löcher sind abhängig vom Wind und den Temperaturschwankungen der Luft.

Akustische Täuschung
(entdecken)
Luftspiegelungen nicht unähnlich können akustische Trugbilder entstehen. Glatte Oberflächen reflektieren nicht nur einzelne Signale, sondern vermögen bei günstigen Bedingungen, wie zum Beispiel kalte und ruhige Luft, ganze Klangbilder zu spiegeln und akustische Raumtäuschungen zu bewirken.

Arena
(orientieren)
Die Arena ist ein Grundtypus der offenen Klangräume. Die Idealform einer Klangarena bildet das griechische Amphitheater. Hinterhöfe

bilden einen sehr häufigen Arenatypus in der Stadt. Lang gezogene Strassenzüge, Plätze und oft auch zusammenhängend bebaute Areale können als Arenen betrachtet werden.

Artikulation

(orientieren)
Artikulation heisst: «deutlich sprechen», «die Art und Weise, Worte, Silben, Laute mit dem Mund hervorzubringen». Artikulation wird auch für Musikinstrumente verwendet, zum Beispiel für die Deutlichkeit und Sicherheit, einen Ton auf der Querflöte zu spielen (der Ansatz). Die Architektur artikuliert den Klangstrom, der mit grosser Geschwindigkeit auf Festkörper auftrifft. Die Energie der Druckwellen prallt einerseits ab, wird also reflektiert oder gebündelt und gestreut, anderseits aber gleichzeitig auch absorbiert. Die Schallenergie bringt den Klangkörper selbst in Resonanz und damit zum Schwingen (so funktioniert auch ein Mikrofon), und schliesslich durchdringen Anteile der ursprünglichen Schallenergie teilweise Wände und Mauern, um vom Baukörper wieder radial abzustrahlen. Feste Körper wirken ähnlich wie ein Prisma. Sie brechen den Schall in verschiedene Spektren. Mauern wirken gleichzeitig als Klangspiegel, als aktiv schwingende Resonanzkörper und als Filter. Wir hören die Wandoberfläche, zum Beispiel Glas oder Metall; wir hören in die inneren Hohlräume einer Mauer hinein und teilweise durch sie hindurch, und wir hören die Distanz zwischen der Mauer und unserem jeweiligen Standort.

Artikulation des Klangflusses

(entdecken)
Die Klänge werden auf ihrer Reise durch den Raum auf verschiedenste Art und Weise geformt. Eine bewusste Gestaltung von Gebäudekanten beziehungsweise Rundungen und Ausformungen gegenüberliegender Fassaden bewirkt eine Artikulation der Klangströme.

Auftritt

(orientieren)
In akustischer Hinsicht sind in der Stadt die szenischen Verhältnisse nicht immer offensichtlich, deswegen ist der Auftritt eines Schallereignisses auf einem Platz zunächst eher verwirrend. Man hört zwar das Tram kommen, es lässt sich aber nicht sagen, aus welcher Richtung es auftauchen wird. Der Gesamtlärm eines Platzes macht es zudem noch schwieriger, leise Echos herauszuhören. Diese wären besonders wichtig, um sich räumlich akustisch zu orientieren und den Raum klar zu hören. Deshalb gewöhnen wir uns an, den alltäglichen Klängen bloss Hintergrundsqualität zuzuschreiben und sind uns gar nicht mehr bewusst, wie expressiv einzelne Klangsignale sein können. Wir überhören aktiv plötzlich und unvermittelt auftauchende laute Geräusche, und wir überhören beinahe alle kleinen und feinen Klänge.

Ausklingen

(orientieren)
Glockenklänge sind die bekanntesten Klänge, die einen typischen langen Ausklangvorgang aufweisen. Je nach Halligkeit des Raumes fällt das Aus-

klingen eines Klangimpulses länger oder kürzer aus. In der Stadt finden wir eine grosse Vielfalt von kleineren und grösseren Hallräumen. An der Art und Weise des Ausklingens der Klänge kann man theoretisch jeden Raum genau identifizieren. Es ist sozusagen sein individueller Fingerabdruck.

Choreografie fliegender Klangschatten

(gestalten)
In der Stadt hören wir viele Klänge, ohne deren Klangquellen zu sehen oder sie gar orten zu können. Die mit Schallgeschwindigkeit davoneilenden Schalldruckwellen werden von den im Weg stehenden Häusern abgelenkt, teilweise genau zurückgespiegelt, meistens jedoch von Wand zu Wand weitergeleitet. Oft können wir vom selben Klang viele einzelne Echos hören, die kurz nacheinander aus verschiedenen Richtungen wieder an unser Ohr dringen. Die Summe aller Echopunkte interpretieren wir als Bewegungsspur des ursprünglichen Klanges: Wir hören eine Klangbewegung im Raum. Diese Klangbewegung ist nicht zu verwechseln mit einer Klangquelle, die sich durch den Raum bewegt (ein Auto beispielsweise).

Donnerbogen

(entdecken)
Wenn ein Zug über eine Metallbrücke fährt, bringt er die gesamte Metallkonstruktion zum Schwingen. Unter der Quaibrücke können wir ein besonderes Donnern erleben: Körperschall und Echokammerresonanz verbinden sich, wir stehen mitten in mächtigen Vibrationsfeldern.

Doppel-Echogewölbe

(entdecken)
Oft sind unter Brückengewölben besondere Echoeffekte hörbar. Ganz besonders interessant sind Brücken, deren Gewölbe aus mehreren Materialien besteht. Wenn wir die Echos der verschiedenen Gewölbeabschnitte miteinander vergleichen, können wir deutlich hören, wie die Reflexionen von Beton oder Kalksteinmauerwerk klingen, zum Beispiel unter der Sihlbrücke.

Echokuppel

(entdecken)
Eine Rundkuppel, beispielsweise beim Kiosk Kreuzplatz, spiegelt im Zentrum der Halbkugelform alle Echos zurück an den Ursprung. Wenn wir also genau im Zentrum des Gewölbes stehen, trifft unsere Stimme von allen Seiten gleichzeitig wieder auf unser Ohr. Das ergibt einen sehr verwirrenden Höreindruck, der uns unsere eigene Stimme so zu Gehör bringt, wie andere sie wahrnehmen. Die Gleichzeitigkeit der Echos, die von überall her zu uns zurückkehren, erleben wir eher körperlich als räumlich. Der akustische Raum zieht sich sozusagen in einem Punkt zusammen.

Energiestadt

(gestalten)
Der Klang einer nachhaltigen Stadt, wie wir sie in der 2000 Watt Gesellschaft anstreben, wird emotioneller Ausdruck eines neuen Energieverhaltens sein. Der heutige Lärm, der unsere momentane Energie-

verschwendung und Sorglosigkeit ausdrückt, wird einer neuen urbanen Klangatmosphäre weichen. Gestaltung und Bewirtschaftung des urbanen Klangraums wird Teil der städtischen Freiraumplanung.

Flüsterkuppel
(entdecken)
Wenn wir sehr nahe bei der Wand der einen Seite einer Kuppel stehen, hören wir präzise das leiseste Geräusch vom genau gegenüberliegenden Punkt der Kuppel, und das selbst dann, wenn ein Hindernis dazwischen liegt. Die Schallwellen eilen die Kuppeloberfläche entlang und treffen am Zielort wieder zusammen. Zwei parabolische Schüsseln können auf ähnliche Weise Schall über grössere Distanzen fokussieren und selbst dann hörbar übertragen, wenn eine andere laute Schallquelle dazwischen liegt. Man kann sich zwischen zwei entsprechend aufgestellten Parabolspiegeln flüsternd über einen Platz hinweg unterhalten, auch wenn viele andere Geräusche den Platz erfüllen.

Gehörgang
(orientieren)
Das menschliche Ohr übermittelt den Schall von der Kopfoberfläche nach innen zur Gehörschnecke. Dabei wird der Schall zuerst durch den äusseren Gehörgang geleitet, der leicht gekrümmt ist und der mit dem schräg gestellten Trommelfell endet. In leicht gekrümmten Altstadtgassen können wir in grösserem Massstab ähnliche Schallübermittlungsphänomene beobachten. Dort scheinen die Gassen und Plätze einander zuzuhören.

Gemeinsame Hörräume
(entdecken)
«Gemeinsame Hörräume» sind Plätze und Räume, deren Hörqualität so gut ist, dass alle sich gegenseitig hören und verstehen können.

Gestimmte Raumsequenz
(entdecken)
Aufeinanderfolgende Räume können so aufeinander abgestimmt werden, dass wir beim Durchschreiten der Räume die Folge der hörbaren Räume als Klangraummelodie hören können. Gewisse Abschnitte der Altstadt wirken als gestimmte Raumsequenzen, beispielsweise die Strehlgasse vom Weinplatz zum Rennweg.

Hallraum
(orientieren)
In einem Hallraum werden die hörbaren Klänge so oft gespiegelt, dass unser Ohr die ausklingenden Schallreflexionen als zusammenhängenden Raum wahrnimmt. Wir hören einen um ein Vielfaches grösseren Raum als den, der uns optisch vermittelt wird. Diese Täuschung kann nur innerhalb der akustischen Spiegelsymmetrien gehört werden. Unter einer Brücke brauchen wir lediglich einen Schritt ins Freie zu treten und der Hallraum ist nicht mehr hörbar.

Hören
(orientieren)
«Hören» ist immer ein Balanceakt. Es gilt, ein Gleichgewicht zu finden und es aufrechtzuerhalten: zwischen Klang und Raum, zwischen innen und aussen, zwischen Hinhören und Weghören, zwischen Einatmen und

Ausatmen, zwischen Spannung und Entspannung.

Hörgleichgewicht
(orientieren)
Gleichgewichtssinn und Gehörsinn sind eng gekoppelt und ineinander verschränkt. Wenn Nahgeräusche und Ferngeräusche sich in der Balance halten, empfinden wir das als ein sehr feines Gleichgewicht. Das äussere gehörte Gleichgewicht bestärkt das eigene innere Gleichgewicht. Wenn wir Ruhe suchen, dann suchen wir ein solches Gleichgewicht. Künstlich erzeugte Stille kann uns zwar momentan entlasten, stellt aber auf Dauer kein annehmbares Hörgleichgewicht her.

Hörlabyrinth
(siehe Klanglabyrinth)
(entdecken)

Hörraum
(siehe auch Klangraum)
(entdecken)
Der Hörraum hält sich nicht an architektonische Grenzen. Unsere Hörräume sind heute von elektronischen Medien dominiert. Die Netzwerke der Telekommunikation und Satellitenortung scheinen unsere akustische Ortung im Raum überflüssig werden zu lassen. Wir haben uns daran gewöhnt, dass eine Hintergrundsbeschallung oder ein Soundtrack die Atmosphäre eines Ortes trägt. Die Raumillusion des stereofonen Klangbildes scheint uns wirklicher als der Raumklang der alltäglichen Umgebung. Der Klangraum hingegen ist von den örtlichen akustischen Bedingungen abhängig.

Hörraumzellen
(entdecken)
Im offenen Stadtraum gibt es kleine überschaubare Klangräume mit jeweils eigenen Klangwelten, die, zusammengekoppelt, einen grösseren Raum wabenartig strukturieren können. Eine elektroakustische Klanglandschaft baut sich am besten aus kleinen, sich gegenseitig durchdringenden und gekoppelten Hörraumzellen auf. Im Gegensatz zu gekoppelten Hörraumzellen bilden die Frontalbeschallungen mit grossen Lautsprechern monumental wirkende Klangraumprojektionen.

Hörsphäre
(entdecken)
Die Hörsphäre einer Stadt besteht aus akustischen Klangräumen und medialen Räumen. Einerseits bestimmt die gebaute physische Architektur die urbanen Klangräume, anderseits dominieren die elektronischen Medien und ihre Netzwerke unsere Hörräume. In der Hörsphäre der Stadt verbinden sich Architektur und Medien zu einem neuartigen Klangraum. Der Begriff des «Hörspiels» ist uns vertrauter, wir verwenden ihn im Bereich des Mediums Radio, er erinnert uns daran, dass wir mit dem Medium Radio und dem Hören «spielen». Wir könnten den Begriff «Hörsphäre» dann verwenden, wenn wir mit dem Hören, dem Radio und dem Raum «spielen». Die Klangbrücken von Bill Fontana sind solche «Spiele mit dem Hören, dem Raum und den Möglichkeiten radiofoner Liveübertragung».

Instrumentalbau
(gestalten)
An Musikinstrumenten können sehr unterschiedliche, sich völlig widersprechende akustische Phänomene studiert werden. Blasinstrumente, Saitenistrumente und Trommeln zeigen gegensätzliche akustische Eigenschaften wie Resonanzen, Schallübertragungen oder Schallabstrahlung. Obwohl Musikinstrumente im Vergleich zu Gebäuden wesentlich kleiner sind, könnten die akustischen Möglichkeiten von Gebäuden mit Musikinstrumenten verglichen werden. Die einzelnen Häuser sind die Instrumente des Stadtklangorchesters. Wenn wir versuchen, den Stadtklang zu gestalten, müssen wir lernen, die Gebäude als Musikinstrumente zu verstehen und sie so zu bauen, dass wir sie akustisch aufeinander abstimmen können. Der zunächst unüberwindliche Dimensionssprung wird mit unseren heutigen Medien, wie Radio und mobile Telefonie, neu deutbar. Die Stadt ist nicht nur Metapher einer grossen, von uns allen bespielten Trommel, der medial vernetzte Stadtraum wird zu einem virtuellen Modell eines Metainstruments. Max Neuhaus hat mit seinem «Audium» eine Vision eines solchen Netzwerkinstruments geschaffen.

Kaleidofon
(entdecken)
Kaleidofon ist eine Abwandlung von Kaleidoskop, dem kleinen Wunderspielzeug, das unendlich viele Muster und Sterne erzeugt. Man braucht es nur ein bisschen zu bewegen, um die wenigen farbigen Elemente in eine neue, überraschende Konstellation zu bringen. «Kaleido» könnte man mit «schön» übersetzen, ein Kaleidoskop ist also ein Instrument, um das Schöne zu sehen. Ein Kaleidofon ist demnach ein Instrument, mit dem man das Schöne hören kann. Für die Hörsphäre einer Stadt wäre es sinnvoll, wenn die Gebäude den Schall nicht bloss zufälligerweise lenken, sondern wenn sie den Stadtlärm in immer neue überraschende Konstellationen bringen könnten. Die Gebäude würden als stimmbare Musikinstrumente den Stadtklang aktiv mitgestalten.

Klang
(orientieren)
«Klang» wird zunehmend als allgemeiner Oberbegriff aller hörbaren Phänomene gebraucht. Wir haben ein fast unüberwindliches Problem, nämlich die alltägliche, die musikalische und die technische Hörerfahrung zusammenzubringen, sodass es möglich wird, miteinander über den Stadtklang zu reden, um ihn auch gemeinsam gestalten zu können. Streng physikalisch könnte man sagen, dass weisses Rauschen eine statistische Mischung aller hörbaren Frequenzen darstellt. Aus dem weissen Rauschen können beliebige Klangfarben herausgefiltert werden, bis schliesslich einzelne Sinustöne übrig bleiben. Mit elektronischen Instrumenten ist diese Klanggenese technisch jederzeit nachbildbar. Als solche verstehen wir eine aufsteigende Klangordnung, die zunächst aus Einzeltönen besteht, aus denen beliebige Klangfarben erzeugt werden können und die, alle gleich-

zeitig zusammengemischt, ein weisses Rauschen ergeben. Aus dieser Perspektive ergibt sich zum Beispiel, dass ein Celloton aus mehreren, sehr regelmässig schwingenden Teiltönen besteht und dass ein Motorengeräusch ein unregelmässiges, nicht genau beschreibbares Rauschen darstellt. Der Begriff «Klang» fasst alle diese Phänomene zusammen, er eignet sich auch besonders gut, um zusammengesetzte Begriffe zu bilden, wie Klangfarbe, Klangordnung, Klangatmosphäre usw.

Klangatmosphäre
(entdecken)
Der Klang, der uns räumlich umgibt, vermittelt uns die Stimmung des sozialen Raumes, des ästhetischen Raumes und des elementaren, physikalischen Raumes. Wir «hören» das Wetter, die Luftfeuchtigkeit, die Windbewegungen. Wir hören aber auch die momentane Präsenz anderer Menschen und Lebewesen, die hörbaren Spuren und Zeichen ihrer Tätigkeiten. Die Klangatmosphäre ist räumlich unbegrenzt, sie erscheint in unmittelbarer Nähe am dichtesten, dehnt sich kontinuierlich in unsere Umgebung aus und verliert sich am fernen Horizont.

Klangaussichtspunkt
(entdecken)
Ein Ort, der einem Aussichtspunkt verwandt für die Ohren einen panoramaartigen offenen Hörraum bietet. Meistens sind im Vordergrund feine Nahgeräusche von einem Brunnen oder einem Baum hörbar, welche die Klänge aus grösserer Entfernung subtil kontrastieren und eine grosse Hördynamik erzeugen. Die Fernwirkung wird durch eine nahe Fassade, die als Klangspiegel dient, verstärkt (zum Beispiel die ETH Terrasse). Schon wenige Autogeräusche verhindern die Klangaussicht.

Klanggarten
(entdecken)
Ein Garten der Klänge, eine Hörinsel, eine Ruheinsel im Lärmmeer der Stadt: Einerseits ist es ein konkreter Garten mit räumlich gestalteten begehbaren Klangräumen, anderseits eine Gattung der Klangkunst, die bezüglich Intimität und Klarheit der Klangartikulation mit der Gattung des Streichquartetts in der klassischen Musik vergleichbar ist.

Klangkulisse
(entdecken)
Eine Kulisse bezeichnet den Hintergrund einer Theaterszene, oft zweidimensional (ursprünglich eine Schiebewand). Eine Klangkulisse bezeichnet den klingenden Hintergrund einer Stadtszene. Wir sind vom Kino sehr geprägt und haben die Tendenz, eine Stadtszene wie einen Film zu betrachten. Im Film spricht man von «ambient sound», im Hörspiel von Geräuschkulisse. Fassaden erzeugen durch ihre Klangspiegelungen und Streuungen eine aktive Klangkulisse. Die Kanten der Hausdächer, Balkone, Erker und Fassadengesimse bilden Scheinlautsprecher, die, kleinen Beschallungslautsprechern ähnlich, den Klangraum aktiv beschallen.

Klanglabyrinth
(entdecken)
Im Klanglabyrinth sind verschiedene Räume so miteinander verbunden, dass Reflexionen, Resonanzen und Streuungen vielfältige Ohrentäuschungen erzeugen können. Verschiedene Zu- und Ausgänge sorgen dafür, dass ein Klanglabyrinth keinen eindeutigen Anfang oder kein deutliches Ende hat. Im Gegensatz zur Klangarena, bei der eine eindeutige Hörorientierung beabsichtigt ist, erzeugt ein Klanglabyrinth bewusst Desorientierung und überrascht mit versteckten Klängen. In der Altstadt wirken die meisten Gassen und die verwinkelten Hinterhöfe als Klanglabyrinth.

Klangobservatorium
(entdecken)
In Analogie zu einem Planetarium könnte man einen Klangraum, der nicht nur die eigenen Klänge berücksichtigt, sondern sich mit den Klängen der Umgebung befasst, als Klangobservatorium bezeichnen. Noch gibt es keinen Raum, der speziell für akustische Fernerkundung gebaut worden wäre. Die Säulenhalle des Helmhauses weist aber schon sehr viele Eigenschaften eines solchen Klangobservatoriums auf, hier können besonders in der Nacht die äusseren Stadtklänge in verschiedensten, fein abgestuften Hörperspektiven erforscht werden.

Klangprisma
(entdecken)
Einem Glasprisma ähnlich, das weisses Licht in die Spektralfarben auffächert, teilen Festkörper die Schallwellen in verschiedene Teilspektren. Das Klangprisma als genaues Gegenstück zum Glasprisma gibt es (noch) nicht, Erfinder und Klangkünstler arbeiten daran. Das Klangprisma soll Lärm direkt in seine Teilspektren aufteilen und so in angenehme Klänge verwandeln können. In der elektronischen Musik ist das Verfahren, einen Klang in seine Spektralklänge aufzuteilen, eines der wichtigsten Klanggestaltungsprinzipien.

Klangprofil
(entdecken)
Jeder Raum hat sein unverkennbares Klangprofil. Die einzelnen charakteristischen Eigenschaften können als spektrale Skala dargestellt werden. Modernste Hörgeräte offerieren, dass das Klangprofil der Verstärkung individuell den Fähigkeiten des Ohres und der jeweiligen Hörsituation angepasst werden kann. Damit wäre es vorstellbar, Architektur so zu gestalten, dass das Klangprofil individuell angepasst werden könnte. Die Hallkammern des weissen Saales des KKL Luzern können das Klangraumprofil des Saales verändern und es den Bedingungen des jeweiligen Musikstils anpassen. Städtische Plätze sollten auf ähnliche Weise gestimmt werden können.

Klangprojektionsanlagen
(entdecken)
Akustische Hohlspiegel, Resonanzrohre und gekoppelte Trommelmembranen können als einfache Instrumente verstanden werden, die das Klangverhalten eines Raumes aktiv verändern. Komplexere Instrumentarien können heute in grosser

Vielfalt und Wirkungsweise entwickelt werden. So erzeugte bereits 1987 der Klangkünstler Bill Fontana mit seinem Werk «Through the Golden Gate: Satelliten-Ohrbrücke Köln-San Francisco» eine mehrkanalige Klangbrücke und schuf eine grossräumige Klangraumspiegelung der Golden Gate Bridge an der Fassade des Kölner Doms.

Klangqualität als Orientierung

(orientieren)
Die verschiedenen Klangraumqualitäten in den Gassen der Altstadt sind so deutlich und klar unterscheidbar, dass sie uns als Wiedererkennungssystem dienen können. So hören wir etwa eine «Raumtonleiter», wenn wir die Trittligasse in Richtung Limmatquai gehen.

Klangraum

(entdecken)
Der Klangraum ist immer von den örtlichen akustischen Bedingungen abhängig. Die Architektur erzeugt durch Materialeigenschaften der Fassaden die Resonanzen der Plätze und Strassen. Die Ausrichtung der Baukörper zueinander und ihre Oberflächenformen bestimmen die Art der Echos und damit die Halleigenschaften dieser öffentlichen Räume. Ein Hohlraum zwischen Baukörpern (zum Beispiel ein Platz) ist vergleichbar mit einer Mundstellung, die zur Artikulation ansetzt. Alle Klänge vor Ort werden durch diese Mundstellung geformt, und wir hören, wie die Stadt zu uns spricht. Der akustische Klangraum dient den gestalteten Klangräumen als Basis. Eine elektro-akustische Klangrauminstallation ist dann besonders erfolgreich, wenn der akustische Klangraum und die virtuellen Klangräume der Installation zusammenspielen. Es entsteht eine Harmonie der Räume, die eine grosse emotionale Anziehung ausübt.

Klangraumsymphonie

(entdecken)
Die Stadt Zürich bildet ein komplexes Gefüge von kleinen und grossen Arenen, die sowohl konzentrisch ineinanderliegen als auch labyrinthisch verknüpft sind. Die Raumfolge kann als Choreografie verstanden werden, die eine unendliche Zahl an koexistierenden Klangverläufen umfasst. Ein Stadtspaziergang kann bewusst so gewählt werden, dass der Klangraumverlauf sich zu einer einmaligen Klangkomposition fügt. Eine Klangraumsymphonie besteht also aus einem Kontinuum an parallel existierenden Ereignissen und aus allen möglichen Hörwegen, die diese untereinander verbinden.

Klangraumtopologie

(entdecken)
Die örtliche Erfassung aller Klangräume in einem Plan ermöglicht, eine differenzierte Klangkarte der Stadt zu erstellen. Auf diese Weise können die Veränderungen und Entwicklungen des Stadtklangs über einen längeren Zeitraum beobachtet werden. Die städtische Klangkarte bietet zudem auch die Möglichkeit, gezielte Klangraumgestaltungen zu planen und zu verwirklichen.

Klangraumtypologie
(entdecken)
Wenn man die Klangräume der Stadt in einem Plan erfasst und miteinander vergleicht, beginnt man in zunehmendem Masse die Gesetze der urbanen Klänge zu verstehen und die den Stadtklängen zugrunde liegende «Sprache» zu erahnen.

Klangseismische Quelle
(entdecken)
Ein grosser schwingender Baukörper, beispielsweise die Quaibrücke, überträgt die Schwingungsenergie hörbar und physisch wahrnehmbar auf unseren ganzen Körper. Die Schwingungsenergien werden über den Boden und das Wasser weit herum übertragen. Der gesamte Stadtbereich wird von vielen klangseismischen Quellen dauernd in Schwingung versetzt. Tiefe Frequenzen und Körperschallwellen durcheilen permanent das ganze Stadtgebiet.

Klangspaziergang
(entdecken)
Der Begriff «Klangspaziergang» bezeichnet die Kunst des Hörens während des Spazierens. Wir hören auf dem Klangspaziergang nicht einfach exotische oder alltägliche Klänge, sondern wir hören den Klang der Stadt, wir hören die Stimme der Stadt, wir hören Stadtklang.

Klangspiegel
(entdecken)
Jede feste Fläche, ob Stein, Beton, Glas oder Holz, reflektiert den auftretenden Schall, je nach Härte der Oberfläche. So wirkt jede Fassade als Klangspiegel. Im Stadtraum bilden die schallreflektierenden Fassaden ein verwirrendes Echolabyrinth. Die Geometrie der Wand entscheidet über mögliche Fokussierungen. Formen, die parabolischen Charakter haben, vermögen den Klang scharf zu fokussieren und ihn sehr weit zu projizieren. Ende des Ersten Weltkriegs wurden in England riesige Parabolspiegel entwickelt, um feindliche Zeppeline und Flugzeuge in möglichst grosser Entfernung zu hören. In Dover steht eine Serie von solchen Hörradaranlagen, mit denen man – ohne jegliche elektrische Verstärkung – 40 Kilometer weit über den Ärmelkanal hören kann.

Klangtor
(entdecken)
Durchschreitet man einen Torbogen, wechselt man von einem Raum in den andern. Der Torbogen wirkt wie eine Zäsur, die im akustischen Verlauf eines Klangspaziergangs einen Klangraum ausblendet und den folgenden einblendet. Der Torbogen selber bildet zudem einen eigenen Klangraum. Das Klangtor schafft einen herausragenden Ort der akustischen Orientierung.

Klangwald
(entdecken)
Für die Raumakustik des Waldes sind zunächst die vielen Bäume mit ihren säulenartigen Stämmen bestimmend. Jeder Baumstamm reflektiert ein einzelnes Teilecho, je nach der Härte und Glätte des einzelnen Stammes. Im Wald hören wir deshalb ein besonders schönes Echo und vielfältige Halleffekte. Gleich-

zeitig wirken die Baumstämme auch als Filter, und sie können Klänge zerstreuen; eine Waldlichtung ist deshalb auf besondere Weise vom Umgebungslärm abgeschirmt.

Klangwand am Rand der Stadt

(entdecken)
Auf dem Üetliberg kann ein einmaliges Klangphänomen beobachtet werden. Steht man oben auf dem Bergkamm, hört man auf der einen Seite den Widerhall der gesamten Stadt, auf der andern die Klanglandschaft des Säuliamts. Der Druckunterschied der beiden Klangräume bildet zum Beispiel bei der ehemaligen Annaburg, entlang des Üetliberggrats, eine hörbare Wand. Mehr oder weniger deutlich kann diese Wand um das gesamte Stadtgebiet immer wieder wahrgenommen werden.

Klingende Summe

(orientieren)
Es gibt im städtischen Raum zurzeit wahrscheinlich kaum einen Ort ohne Störgeräusche. So müssen wir zunächst lernen, einzelne Teilbereiche des Gesamtklangs aufeinander abzustimmen. Das geschieht auch dadurch, dass man versucht, Klanginseln zu schaffen, in deren Bereich sich die Summe der Klänge in einem Klanggleichgewicht befindet. Ein solcher Ort beruhigt uns, und wir halten uns gerne länger dort auf (zum Beispiel Fischerstube, Zürichhorn).

Kuppelhall

(orientieren)
Im Gegensatz zu einer flachen Decke vermag eine Kuppel den Klang in vielfältiger Weise zu reflektieren. Oft wirken glatte Wände und ein glatter Boden zusammen, um einen eindrücklichen Hallraum zu erzeugen, der mindesten drei Sekunden lang nachhallt. Eine gut gestimmte Klangkuppel lässt die Klänge über den Köpfen ausklingen und erzeugt ein Gefühl eines akustisch nach oben offenen Raumes. Eine ungünstig gestimmte Klangkuppel spiegelt alle Klänge in einem einzigen Punkt, dem Brennpunkt der Halbkugelform. Dort scheint der Klangraum zusammenzustürzen, und wir vernehmen ein sehr irritierendes raumloses Echo, das uns eher an ein Klangphänomen innerhalb unseres Körpers erinnert.

Lärmfahnen

(entdecken)
Man könnte ein Donnergrollen als Nachhallfahne des ursprünglichen Blitzknalls bezeichnen. Ganz nah beim Blitzeinschlag hören wir ein hartes, kurzes, lautes, bellendes Krachen. Aus diesem scharfen Geräusch wird mit zunehmender Entfernung ein immer weicheres, rollendes Donnern. Der Wind verweht den ursprünglich scharfen Knall, und der Donner wird zum Klangschweif, der sich kilometerweit ausdehnen kann. Jedes Geräusch erzeugt in einem Raum einen Nachhall. Auf Tonträgern aufgezeichnet, wird er als Nachhallfahne bezeichnet. Innerhalb der Lärmflut einer Stadt kann man sehr deutlich unterscheiden zwischen dem direkten Schall und den verwischten Lärmfahnen. Ist man einem direkten Schallfeld ausgesetzt, sieht man meistens die Schallquelle. Die Lärmfahne kann

man kaum mehr einer Klangquelle zuordnen, sie wirkt räumlich sehr diffus.

Radiofone Klänge
(entdecken)
Eine Klangquelle strahlt ihre Klänge in der Regel nach allen Seiten aus. Klänge, die einen grossen Raum beschallen, könnte man als radiofone Klänge bezeichnen, in Anlehnung an die von Radiowellen übermittelten Klänge. Radiowellen übermitteln einen Klang in ihrem gesamten Sendegebiet, um überall empfangen werden zu können. Radiofone Klänge durchdringen den Raum ihres Schallfeldes, um überall gleich laut und intensiv gehört zu werden. Genau dieses Ziel verfolgen die Toningenieure, die an einem Open-Air-Konzert die Instrumente der Musiker «verstärken».

Raumchoreografie
(entdecken)
Choreografie bezeichnet die Kunst, Tanz aufzuzeichnen und ihn damit zu komponieren. Raumchoreografie wäre demnach die Kunst, die Abfolge der Räume aufzuzeichnen und diese zu komponieren. Es handelt sich dabei um den Tanz der Räume und nicht um Tanz in den Räumen, etwas, was aus der Sicht der Bewegung der städtischen Klangfluten sehr leicht zu verstehen ist.

Räumliche Artikulation
(orientieren)
Klänge, die den Raum deutlich hörbar werden lassen, verbessern die akustische Orientierung und das Raumgefühl. Zunächst ist es die Unterscheidung zwischen links und rechts, zwischen oben und unten und zwischen nah und fern. Grundsätzlich wirken gut artikulierte Klangräume durchsichtig und klar.

Raumklänge
(orientieren)
Grundsätzlich ist jeder Klang räumlich. Die räumliche Qualität der Klänge ist jedoch im Zusammenhang mit unserer körperlichen Präsenz und unserem Bedürfnis nach Handlungsraum zu verstehen. Wir schaffen uns unseren Raum durch unsere Handlungen. Klänge solcher Aktivitäten zeigen, welcher Raum schon besetzt ist. Der unmittelbare Lärm neben einer Autobahn ist ein Beispiel dafür. Raumklänge vermögen im Gegensatz dazu Räume zu erzeugen, die uns einladen, daran teilzuhaben. Ein Beispiel dafür ist das über der Stadt schwebende Glockengeläut, jeweils samstags um 17 Uhr von der Terrasse des Waidspitals aus zu erleben.

Resonanzraum
(orientieren)
Der Holzkörper der Geige ist ein klassischer Resonanzkörper. Eine gläserne Tramhaltestelle bildet genauso einen Resonanzkörper, der vor allem dann, wenn er auf einer schwingenden Betondecke steht, aktiv diejenigen Klänge verstärkt, die den Resonanzeigenschaften von Glas, Stahl und Beton entsprechen. Ein Beispiel dafür ist die Tramhaltestelle auf dem Bahnhofplatz.

Schall, Schallfeld

(orientieren)

Mit Schall bezeichnen wir etwas Unbestimmtes, sich schnell Verflüchtigendes. Einem Lichtkegel einer nächtlichen Strassenlampe nicht unähnlich kann man das klingende Abstrahlfeld einer Schallquelle verstehen. Es ist in der Akustik jedoch erheblich schwieriger, den Klangkegel scharf abzugrenzen. Die meisten heutigen Klangquellen weisen ein diffuses Schallfeld auf.
Der Nachhall bezeichnet das Ausklingen eines einmal klar artikulierten Klangs. Dieses scheinbar stetige Ausklingen besteht aus Dutzenden, wenn nicht Hunderten von immer schwächer werdenden einzelnen Reflexionen, die uns einen zusammenhängenden Raum vortäuschen.

Serie von ineinanderfliessenden Klangräumen

(entdecken)

Klangräume können nicht nur als Abfolge vorkommen, sondern fliessen eher wolkenartig ineinander. Zwar können feste Mauern der Architektur deutliche Zäsuren erreichen. Viele Anteile der Klänge dringen aber durch Mauern hindurch oder werden als Körperschallanteil sogar verstärkt weitergeleitet. Im Hauptbahnhof Zürich können viele Klangraumsequenzen beobachtet werden, die je nach Tageszeit stärker oder schwächer ineinanderfliessen.

Stadtarena

(orientieren)

Die gesamte Altstadt von Zürich bildet durch die beiden Seitenmoränen (Lindenhof–Pfauen–ETH-Terasse) eine erste innere Arena. Eine zweite, sich beinahe ringförmig um die innere Arena ausdehnende Geländemulde wird durch die Moräne der Enge (Fortsetzung des Zimmerbergs) und die Geländeterrasse Toblerplatz–Flunter–Weinegg–Burghölzli geformt. Die dritte Stufe der Stadtarena Zürich bildet der Üetliberg–Käferberg–Zürichberg–Pfannenstiel. Das Seebecken ist also dreifach eingefasst. Die akustische Landschaft ist aufs Idealste vorbereitet, und es müsste für uns sehr gut möglich sein, davon zu profitieren und für die Stadt Zürich einen wunderbar gestimmten Gesamtklang zu erzeugen.

Stadtstimmen

(entdecken)

Im Stadtraumkonzert sind mehrere, deutlich unterscheidbare Stimmen aktiv: Die Schritte gehender Menschen zum Beispiel bilden am frühen Morgen eine perkussive Begleitstimme vieler Strassen und Plätze. Eine weitere geheimnisvolle Stadtstimme sind die 1200 ständig fliessenden Brunnen. Wenn alle andern Stimmen schweigen würden, könnte man im gesamten Stadtgebiet das Murmeln der Brunnen hören. Im Alltagslärm gehen sie oft vollständig unter. Sie sind deshalb auch als Indikatoren für die Lärmbelastung sehr wertvoll.

Stimme

(orientieren)

Jedes Lebewesen hat seine eigene Stimme. Im Stadtklang streiten verschiedene Stimmen um ihren Platz, sowohl im Bezug auf die Hörbarkeit als auch ganz wörtlich im räumlichen Sinn. Die meisten Stadtstimmen bewegen sich, zum Teil mit hoher Geschwindigkeit. Man stelle sich einen grossen Sängerchor vor, dessen Sänger während des Singens in der ganzen Stadt herumfahren. Die Bewegung der Stimmen im Raum wirkt sich meistens expressiver aus als die Melodiebewegung des einzelnen Sängers. An fliegenden Schwalben kann dies im Sommer allabendlich studiert werden, auch mitten in der Stadt.

Trompe-l'oreille

(entdecken)
In Analogie zum Trompe-l'oeil, einer Maltechnik, die dem Auge eine Realität vortäuscht, die nicht vorhanden ist, versteht man unter Trompe-l'oreille eine Ohrentäuschung als illusionistische akustische Vorspiegelung nicht vorhandener Tatsachen. Der Lautsprecher wäre grundsätzlich als Trompe-l'oreille-Maschine zu verstehen, das Ohr hört aber sehr genau, ob ein Klang von einem Lautsprecher wiedergegeben wird oder ob eine Klangquelle wirklich im Raum aktiv ist. Die Kunst des Trompe-l'oreille besteht darin, eine Ohrentäuschung unter präziser Abstimmung auf die unmittelbare akustische Umgebung zu erreichen.

Wassergemurmel

(orientieren)
Wasserplätschern und Stimmengemurmel sind einander sehr ähnlich, sowohl in der unmittelbaren akustischen Erscheinung als auch in ihrer Wirkung auf unsere Empfindungen. Bei längerem Hinhören auf einen murmelnden Bach oder Brunnen vermeint man zudem oft, Stimmen auftauchen zu hören. Solche «stimmungsvollen» Orte kann man zum Beispiel auf dem Steg entlang des Schanzengrabens entdecken. Die Holzterrasse der Fischerstube im Zürichhorn ist ebenfalls ein sehr zauberhafter Ort des Wassermurmelns.

Wasserklang

(orientieren)
Der Wasserklang ist genauso vielfältig und erfrischend wie frisches Trinkwasser. Die Wassergeräusche vermitteln uns die Natur des Wassers: perlend, tröpfelnd, wirbelnd, rauschend, tosend, donnernd. Der Klang des Wassers ist einzigartig elementar und erinnert uns immer daran, dass frisches Wasser lebensnotwendig ist. Wir können keinen Ort bewohnen, ohne dass er uns frisches Wasser gewährt. Die Stadt Zürich ist besonders reich an Wasserklängen, 10 Kilometer öffentlich begehbares Seeufer, die Limmat, die Sihl und Dutzende von kleineren Seitenbächen bieten uns zahllose wunderbare Wasserstellen. Die ruhig fliessende Limmat bildet auf ihrer Oberfläche grosse Klangspiegel, welche die innerste Arena der Stadt zu einmaligen Echoräumen werden lässt. Zudem unterhält die Stadt, verteilt auf das ganze Stadtgebiet, 1200 offen fliessende Trinkwasserbrunnen.

Wasserklangraum

(entdecken)
Grössere Brunnenanlagen, wie zum Beispiel der Manessebrunnen am oberen Ende der Kirchgasse, erzeugen mit ihrem mehrstufigen Wasserspiel einen zusammenhängenden

Klangraum. Wenn wir nah genug beim Brunnen verweilen, können wir ganz in das Wassertosen eintauchen. Nach drei Minuten ist unser Körper vom Klang des Wassers erfüllt. Wir haben dann den Stadtklang völlig aus den Ohren verloren und können ihm so für ein paar Augenblicke gänzlich entkommen. Das immerwährende Rauschen des Stadtklangs empfängt uns wieder, wenn wir uns langsam vom Brunnen entfernen.

Weisses Rauschen
(orientieren)
Mit weissem Rauschen wird ein kontinuierlicher, einem hellen und scharf gesprochenem «sch» ähnlicher geräuschhafter Klang bezeichnet. In Ahnlehnung an die physikalische Definition von weissem Licht, das aus der statistischen gleichmässigen Verteilung aller sichtbaren Frequenzen zusammengesetzt ist, werden elektronische Tongeneratoren gebaut, die eine statistische Verteilung aller hörbaren Frequenzen in gleicher Lautstärke gleichzeitig zum Klingen bringen können. Weisses Rauschen wird oft zu Messzwecken eingesetzt. Tosendes Wasser kann sehr nahe an weisses Rauschen herankommen.

Zyklen und Verläufe
(orientieren)
Das Kontinuum des Stadtklangs ist stark geprägt von Wiederholungen. Wir erkennen deutlich die verschiedenen, durch den Verkehrsfluss bedingten tageszeitlichen Verdichtungen. Regen, Schnee und Wind verändern auf charakteristische Weise den Stadtklang, wir hören die Jahreszeiten. Noch stärker gegliedert wird der akustische Alltag der Stadt durch den Fahrplan der Tramlinien. Das dicht gewobene, getaktete Netz bestimmt eine wichtige Charakteristik des Stadtklangs. Es bildet sozusagen sein rhythmisches Rückgrat.

Literaturverzeichnis

Pascal Amphoux, Aux écoutes de la ville, *Nationales Forschungsprogramm Stadt und Verkehr: Zürich 1995.*

Die Nationalfondsstudie über die Lebensqualität in urbanen Räumen untersuchte die Geräuschumwelt und Akustikqualität von Lausanne, Locarno und Zürich. Einerseits wurde eine transdisziplinäre Analysemethode der urbanen Räume erarbeitet und getestet, andererseits legt die Arbeit ein theoretisches Darstellungsmodell der Geräuschwelt vor. Drei grundlegende Hörarten liegen allen Qualitätskriterien zugrunde: Geräuschumwelt, Geräuschmilieu und Geräuschlandschaft.

Alexander M. Lorenz, Klangalltag – Alltagsklang, *Dissertation, Philosophische Fakultät der Universität Zürich, Zürich 2000.*

Das Projekt untersucht Bedingungen für eine kultivierte und humane Lautsphäre. Im Mittelpunkt stehen Wahrnehmungen, Beurteilungen und Bedürfnisse der Schweizer Bevölkerung gegenüber der akustischen Umwelt. Die Studie bietet auch Hinweise für Städteplaner: Die Bevölkerung hat ein Bedürfnis nach Naturklängen und ist mehrheitlich dafür, ursprüngliche Klänge im Stadtbild zu bewahren.

John R. Pierce, Klang: Musik mit den Ohren der Physik, *Spektrum Akad. Verlag: Heidelberg 1999.*

Musik entfaltet sich in Klang: eine wissenschaftliche Entdeckungsreise in die Welt der physikalischen Wellennatur, die erläutert, wie Töne und Harmonien zustande kommen und warum wir sie überhaupt wahrnehmen und unterscheiden können. Von den Grundlagen der alten Griechen zu Galileo Galilei, über Hermann Helmholtz zu den ersten Instrumenten elektronischer Klangerzeugung in den Bell-Laboratorien gelangen wir schliesslich zu den Anfängen der Computermusik.

Martin Riches, Die Maschinen, *Ausstellungskatalog, Kunsthallen Brandts Klaederfabrik: Odense 2004.*

Im Ausstellungskatalog von Odense finden sich detaillierte Abbildungen von Martin Riches' Sprechmaschinen. Als ehemaliger Architekt entwickelte er im Grenzbereich von Klangkunst und kinetischer Kunst einzigartige Werke, die auf den ersten Blick zunächst an die technischen Wunderwerke des 18. Jahrhunderts erinnern. Die in dieser Arbeit zitierten computergesteuerten Instrumente erzeugen auf akustisch-pneumatische Weise deutlich verstehbares Sprechen. Wir sehen dreidimensionale Hohlformen, die, dem menschlichen Kehlkopf nachgebildet, auch den entsprechenden akustischen Laut artikulieren können. Wir können also präzise nachvollziehen, wie der Schall durch Zwischenräume in festen Körpern geformt wird und wie kleinste Veränderungen von Kanten oder Reliefs die hörbare Bedeutung eines Klangs bestimmen.

Richard Sennett, Fleisch und Stein: der Körper und die Stadt in der westlichen Zivilisation, *Suhrkamp: Frankfurt a. M. 1997.*

Der Körper der Stadt in der westlichen Zivilisation. Eine besondere Geschichte der Stadt: von den Städten des alten Athen bis zum heutigen New York. Wir finden zum Beispiel im Kapitel «Die Stimme des Bürgers» eine ausführliche Beschreibung von Sprechräumen, von der Entwicklung des öffentlichen Sprechens und deren architektonischen Voraussetzungen im urbanen Kontext.
«Damit Menschen in einer multikulturellen Stadt sich einander zuwenden, müssen wir, so glaube ich, das Verständnis, das wir von unserem eigenen Körper haben, verändern. Wir werden die Differenz anderer niemals erfahren können, solange wir nicht die körperliche Unzulänglichkeit in uns selbst anerkennen.»

Emiliy Thompson, The soundscape of modernity: architectural acoustics and the culture of listening in America, 1900–1933, *MIT: Cambridge, Mass. 2004.*

Eine Geschichte der auralen Kultur des frühen 20. Jahrhunderts, welche die atemberaubende Entwicklung einer völlig neuen Hör- und Klangkultur in Amerika nachzeichnet. Detailliert erfahren wir die Entwicklung der technologischen Erfindungen, die sowohl neue Hörbedingungen als auch neue Klänge ermöglichte. Wir erfahren aber auch, dass die technischen Lösungen, welche die Akustik zu beherrschen sucht, den Klang vom eigentlichen Raum entfremdete und dass alle öffentlichen Räume akustisch ihre ursprünglichen Charakteristiken verloren, sodass ein universeller Sound alles zu dominieren begann.

Trevor Vishart, On Sonic Art, *Routledge: London 2002.*

Eine grundlegende musikalische Vision, welche die Dimensionen der neuen digitalen Informationsprozesse als Gestalter zu erfassen versteht. Die kulturelle Bedeutung der Transformationen und Manipulationen und vor allem die räumlichen Gestaltungsmöglichkeiten von Klängen werden exemplarisch beschrieben, und mit neuer Erkenntnis werden die umfassenden Dimensionen aller menschlichen Äusserungsmöglichkeiten ausgelotet. Dabei versucht Vishart auch, Erfahrungen von verschiedenen Gebieten, die traditionellerweise nicht mit Musik in Verbindung gebracht werden, beispielsweise von Filmsound-Effekten, Konkreter Poesie und aus der Tierlautforschung, in sein Klangweltbild einzubeziehen.

Iannis Xenakis, Musique de l'architecture: textes, réalisations et projets architecturaux/choisis, présentés et commentés par Sharon Kanach, *Editions Parenthèses: Marseille 2006.*

Eine der ganz seltenen Schriften eines Komponisten und Musikers zu Klangräumen und klingender Architektur. Xenakis arbeitete mit Corbusier zusammen, entwarf die rhythmische Struktur der Fassade der Universität von Chandighar, die Le Corbusier baute, und entwickelte mit ihm und Edgar Varèse den Phillips-Pavillon der Weltausstellung in Brüssel 1956. In seiner Schrift entfaltet Xenakis sein umfassendes mathematisches und strukturelles Wissen, um alle linearen Restriktionen des musikalischen Denkens zugunsten von räumlichen Dimensionen zu überwinden. Schliesslich entwirft er die Vision der kosmischen Stadt, die sich in vertikaler Dimension entfalten wird. (Veröffentlicht in: Françoise Choay, L'Urbanisme, utopies et réalité, Le Seuil: Paris 1965.)

Dank

Dieses Buch basiert auf einer Studie, die von Grün Stadt Zürich in Auftrag gegeben und in Kooperation mit Design2context realisiert wurde. Die Klangspaziergänge wurden im Rahmen der NahReisen entwickelt und durchgeführt. Die NahReisen, eine gemeinsame Veranstaltungsreihe von Grün Stadt Zürich und Migros-Kulturprozent, finden seit 1999 jährlich statt (www.nahreisen.ch).

Mit herzlichem Dank an Paul Bauer, Lukas Handschin, Stefan Hose, Daniel Keller und Marianne Klug bei Grün Stadt Zürich, Margaritha Baumann beim Migros-Kulturprozent und Stefan Ineichen von NahReisen, das Institut Design2context mit Clemens Bellut, Ruedi Baur und Margarete von Lupin, an Tomas Brader, Janine Fuchs, Trond Maag, Olivier Marti, Dominik Landwehr, Markus Keller, Ulrike Felsing und André Lusti von der Wasserversorgung Zürich.

«Choreophonie des Stadtklangs von Zürich»

Sobald Sie die CD einlegen, sind Sie mit Ihren Ohren im zauberhaften Hinterhof des Hotels Greulich, im Klanggarten des Birkenwäldchens mitten im Kreis 5, dicht bei den Bahngeleisen in unmittelbarer Nähe zum Güterbahnhof. Von hier aus steigt Ihr Ohr sanft hoch in den Klanghimmel von Zürich, so hoch, dass Sie den Scheitelpunkt des städtischen Klanggewölbes in etwa 2 Kilometer Höhe erreichen. Dort, im klingenden Nadir, hören Sie gleichzeitig ganz fein alle Geräusche der gesamten Stadt. Ein atemberaubender Klangort!

Nun senkt sich Ihre Klanggondel wieder und Sie folgen einem Klangschweif der Tramlinie 4, überfliegen in Sekundenschnelle das untere Limmatquai und erreichen schliesslich unmittelbar vor dem Brunnen an der Kreuzung Seefeldstrasse/Kreuzstrasse wieder den Boden der Realität. Die Gezeitenströmung des Stadtklangs reisst Sie aber gleich wieder mit und lässt Sie zwischen Helvetiaplatz und Morgartenstrasse in einem Klangnebel hin und her strudeln.

Welche Klangkräfte vermögen Ihr Ohr durch Raum und Zeit zu führen? Eine Antwort finden Sie vielleicht im Inneren des Grossmünsterturms oder oben auf der Turmterrasse, wenn Sie fast unhörbar ein Echo eines Alphorns vom Bauschänzli herüberwehen hören.

Im Hörballett der Choreofonie, das Sie mithörenderweise gerade selber aufführen, sind nicht nur verschiedenste Orte der Stadt akustisch miteinander verwoben, auch Sie tanzen auf dem Parkett aller Tages- und Nachtzeiten. So landen Sie beispielsweise um 11 Uhr im Klanggarten zu einem Hörbrunch, um dann um 16 Uhr die Turmspitze des Grossmünsters zu streifen und um 23.30 Uhr mit dem Klangschweif eines Helikopters wieder in den Klanggarten zurückzuschweben. Wären die räumlichen Klangflüge mit einem Ballon tatsächlich akustisch realisierbar, gäbe es für die zeitlichen Überlagerungen keine dreidimensionale Entsprechung mehr. Die CD der Choreofonie der Stadt Zürich bietet Ihnen 16 verschiedene Einstiegspunkte. Sie müssen sich dabei nicht unbedingt an die aufgezeichnete Reihenfolge halten. Versuchen Sie Ihre eigene Flugroute! Wenn Sie das nächste Mal in der Stadt sind, werden Sie den Klanggezeitenwind live spüren, und es braucht nicht mehr viel und Sie fliegen selber mit den Klängen durch Raum und Zeit!

Die Choreofonie des Stadtklangs von Zürich beruht ausschliesslich auf Klangdokumenten, die ich von 2006 bis 2008 auf meinen Klangspaziergängen durch Zürich gesammelt habe. Alle Aufnahmen entstanden beim Zufussgehen oder während des Fahrens mit dem Fahrrad. Die vorliegende CD ist eine stereofone Version einer Mehrkanal-Raumklanginstallation, die den Stadtklang choreofonisch räumlich erlebbar macht.

Stadtklang Zürich

Tracknr.	CD Zeit	Aufnahmeort in der Stadt Zürich	Tageszeit der Aufnahme
1	0:00:00	Klanggarten Hotel Greulich	11.00 h
		Tram Limmatquai	15.00 h
		Brunnen Seefeldtrasse/Kreuzstrasse	10.00 h
		1. Mai Helvetiaplatz	11.00 h
		Klanggarten Hotel Greulich	11.00 h
2	2:42:00	Tram Helmhaus	15.00 h
		Helmhaus, Brunnen	16.00 h
		Klanggarten Hotel Greulich	11.00 h
3	4:17:00	Morgartenstrasse	06.00 h
		Klanggarten Hotel Greulich	11.00 h
4	7:39:00	Grossmünster, Turmtreppe	16.00 h
5	8:26:00	Grossmümster, Turmplattform fernes Alphorn	16.10 h
6	10:09:00	Hauptbahnhof, grosse Halle	17.30 h
	11:32:00	Quaibrücke im Auto	17.00 h
7	11:49:00	Hofsingen im Seefeld	15.00 h
	12:42:00	Helmhaus, Brunnen	19.00 h
8	13:11:00	Klanggarten Hotel Greulich	11.45 h
	14:17:00	Helmhaus, Prozession für Felix und Regula	15.00 h
	15:04:00	Geläut Klanggarten	11.30 h

Stadtklang Zürich

Tracknr.	CD Zeit	Aufnahmeort in der Stadt Zürich	Tageszeit der Aufnahme
9	15:28:00	Helikopter über Central	23.00 h
	16:30:00	Klanggarten Hotel Greulich	11.30 h
10	17:47:00	Hauptbahnhof, grosse Halle, Indienfestival	19.00 h
	19:13:00	Helmhaus, Auftritt Maestro Cubano im Kabrio	22.50 h
11	19:40:00	Kirchenglockengeläut, mittleres Limmatquai	23.00 h
12	21:37:00	Brunnen oberer Rennweg	11.00 h
	22:16:00	Ventilatoren Innenhof neben Franz Carl Weber	11.05 h
13	23:10:00	Rollwagen	11.10 h
	23:55:00	Hofsingen im Seefeld, Gemurmel	15.25 h
		Bahnhofstrasse	19.00 h
14	24:35:00	Klanggarten Hotel Greulich	11.30 h
	26:35:00	Brunnen Engelstrasse	01.00 h
		Brunnen Heimplatz	03.00 h
		Brunnen Neustadtgasse	05.00 h
15	28:11:00	Kreuzplatz, Echokuppel	16.00 h
	28:29:00	Kornhausbrücke, Echogewölbe	11.00 h
	29:56:00	Treppen, Kornhausbrücke/Sihlquai	11.00 h
		Glocken Klanggarten	11.00 h
16	31:38:00	Turbinenplatz, Fotoshooting Scateboarder	17.00 h
	33:30:00	Klanggarten Hotel Greulich	12.30 h

Abb. S. 192 _
Postmoderne Glasfassade des Tamedia-Gebäudes an der Werdstrasse.